东北书店书刊收藏与鉴赏

张树东　吕品◎编著

国家『十一五』规划重点图书
东北三江流域文化丛书

黑龙江教育出版社

图书在版编目(CIP)数据

东北书店书刊收藏与鉴赏 / 张树东,吕品编著.
—2 版.—哈尔滨:黑龙江教育出版社,2011.3
(东北三江流域文化丛书)
ISBN 978-7-5316-4531-3

Ⅰ.①东… Ⅱ.①张… ②吕… Ⅲ.①图书—收藏—中国 ②图书—鉴赏—中国 ③报刊—收藏—中国 ④报刊—鉴赏—中国 Ⅳ.G894

中国版本图书馆 CIP 数据核字(2011)第 033003 号

东北书店书刊收藏与鉴赏
Dongbei Shudian Shukan Shoucang Yu Jianshang
张树东　吕品　编著

责任编辑	徐永进　许甲坤
封面设计	王立鹏　王　刚
责任校对	严　雪
出版发行	黑龙江教育出版社
地　　址	哈尔滨市南岗区花园街 158 号(邮编 150001)
印　　刷	黑龙江远东联达教育文化传媒有限公司
开　　本	787×1092　1/16
印　　张	14.25
字　　数	140 千
版　　次	2005 年 12 月第 1 版
印　　次	2011 年 5 月第 2 次印刷

书　　号　ISBN 978-7-5316-4531-3　　**定　　价**　60.00 元

黑龙江教育出版社网址:www.hljep.com.cn
如需订购图书,请与我社发行中心联系。联系电话:0451-82529593　82534665
如有印装质量问题,影响阅读,请与我社联系调换。联系电话:0451-82529347
如发现盗版图书,请向我社举报。举报电话:0451-82560814

溯三江之源　颂文化长歌

——写在《东北三江流域文化丛书》出版之际

林秀山

春风又拂三江水，杏蕊遥盼燕归巢。欣闻《东北三江流域文化丛书》即将出版发行，感到由衷的高兴与欣慰。

东北三江流域，即松花江、黑龙江和乌苏里江流经的广阔区域。冠有“东极新天府”之誉的佳木斯正处于三江平原腹地，松花江、黑龙江、乌苏里江在此汇流，不仅有富饶壮阔的沃野山川，而且有悠久的历史、丰厚的文化底蕴和光荣的革命传统。这里有7000多年的人类活动历史，曾是肃慎之国，挹娄古都，五国盛地，满族故乡，至今瓦里霍吞古城等大批古文化遗址仍保留完整。抗战时期，佳木斯是东北抗联诞生地和主战场。1945年解放后，佳木斯市是合江省会，成为当时东北革命根据地的大后方，被誉为“东北小延安”。新中国成立后，作为当年黑龙江生产建设兵团司令部所在地和三江平原腹地北大荒核心区域的中心城市，使佳木斯又形成了独特的“北大荒文化”和“知青文化”。这些都是佳木斯人引以为自豪的人文资源和精神财富，也是佳木斯人对于城市认同的向心力和共同的精神家园，激励着佳木斯人不断进取前行，成为佳木斯人奋斗不息的精神动力。

多年来，我们始终致力于深入挖掘、整理、保护和弘扬东北三江流域文化。特别是近年来，我们立足于建设三江文化名城，用科学发展理念改造建设城市，提升城市品位，全力推进区域高端文化服务中心建设，努力提高区域文化的影响力和辐射力，为推动经济社会科学跨越发展提供强大的精神动力和智力支持。为挖掘和弘扬以红色文化、北大荒文化、知青文化和赫哲文化等为核心的三江流域文化，我们秉承“打造时代精品，传承永续文化”的理念，以《佳木斯历史文化研究》为代表的一大批区域文化研究专著相继面世；以电视连续剧《松花江上》和歌剧《红雪花》为代表的一大批文艺精品不断推出；敖其湾影视基地、汤原抗联密营等影视拍摄基地、敖其赫哲新村先后建成；知青文化广场、双拥主题公园以及东北小延安和抗联系列城市主题雕塑点缀城中；以历史文化为核心的各类精品景点和旅游线路初步形成，基本实现了三江流域文化在各类文化载体中的渗透、负载和永续传承。为使城市历史文化在时代发展中焕发新的生机，市委、市政府还精心策划了春季三江杏花节、夏季三江国际旅游节、秋季三江知青节和冬季三江国际泼雪节等四个大型节会，让城市的历史在节会中积淀，让城市的精神在节会中弘扬，让城市的文化氛围日益浓厚，逐步叫响的“东极新天府，快乐佳木斯”城市名片，也赋予了三江流域文化以新的内涵。

一个民族不能没有历史，一个地域不能没有文化。东北三江流域文化源于民众生活，是三江人民劳动智慧的浓缩，承载着广博的历史文化信息，是中华民族优秀传统文化的重要组成部分，是佳木斯的宝贵精神财富。在我市正全面推进三江文化名城和高端文化中心建设之际，黑龙江教育出版社和佳木斯市联合推出的国家“十一五”规划重点图书《东北三江流域文化丛书》恰逢其时，这是佳木斯地域文化研究工作的一件盛事，也是社会科学专著出版的重大突破。这八部专著内容丰富，涉猎广泛，融学术性、知识性、趣味性于一体，从多学科和多视角，深刻剖析和阐释了东北三江流域文化的精神和血脉，在很多方面填补了三江地域文化研究上的空白，具有很强的创见性、实用性和资料性。这套丛书的出版，对于进一步深入研究、挖掘、整理和弘扬东北三江流域文化，必将产生积极而深远的影响。在此，对于直接参与编撰的几十位专家学者付出的艰辛努力表示诚挚的慰问，对于丛书的出版给予大力支持和帮助的各界朋友表示衷心的感谢！

一本好书，阅其者千百；一种优秀的文化，传其也永续。书是人类进步的阶梯，是人与人沟通的桥梁；文化是精神的家园，承载着历史积淀的精华和灵魂的归属。我衷心希望这套丛书能得到广大读者的喜爱，使这套丛书真正架起一座通往全国乃至世界的桥梁，让更多的三江人走进这回望历史的寻根之旅，让更多喜欢三江文化的朋友们走进我们引以为自豪的精神家园。同时，我也真诚地希望广大致力于三江流域文化研究的各方面专家学者，创造更多的三江流域文化精品，以三江人共建精神家园的责任和使命，奉献智慧，挥洒汗水，播种希望，浸润三江碧野，催生新绿红花！

2011 年 5 月

目录

序 …………………………………………………………… (1)
前言　出版史上的奇迹 ………………………………………… (1)
印行的书籍精品选 ……………………………………………… (1)
通化印行的书籍 ……………………………………………… (4)
佳木斯印行的书籍 …………………………………………… (5)
东安(密山)印行的书籍 ……………………………………… (51)
哈尔滨印行的书籍 …………………………………………… (56)
长春印行的书籍 ……………………………………………… (68)
沈阳印行的书籍 ……………………………………………… (78)
牡丹江印行的书籍 …………………………………………… (80)
安东印行的书籍 ……………………………………………… (82)
北安印行的书籍 ……………………………………………… (83)
辽北印行的书籍 ……………………………………………… (84)
大连印行的书籍 ……………………………………………… (84)
印行的期刊精品选 ……………………………………………… (85)
东北书店出版的书刊 …………………………………………… (95)
东北书店出版的书籍目录 …………………………………… (97)

东北书店出版的教材目录 …………………………………… (143)
东北书店出版的期刊 …………………………………… (149)
东北书店出版的期刊目录 …………………………………… (151)
东北书店轶闻轶事 …………………………………… (152)
张闻天对东北书店的关怀 …………………………………… (152)
《毛泽东选集》东北书店版出版二三事 …………………… (154)
最早研究毛泽东思想的人——张如心 …………………… (157)
第一部反映东北土地改革的长篇小说《暴风骤雨》的诞生 …………………………………… (159)
陈学昭与《漫走解放区》…………………………………… (161)
中篇小说《夏红秋》的三个第一 …………………………… (162)
草明与《原动力》…………………………………… (164)
刘白羽的军旅文学 …………………………………… (166)
华君武的《时事漫画》…………………………………… (168)
陈伯达揭露国民党的著作 …………………………………… (170)
马加的《江山村十日》…………………………………… (171)
东北书店出版的第一本刊物《知识》…………………………… (173)
农民的好朋友《翻身乐》…………………………………… (175)
“东北书店”店名手迹出处 …………………………………… (177)
东北书店成立日 …………………………………… (177)
李常青与东北书店 …………………………………… (178)
精神的纽带:店刊 …………………………………… (179)
一位科普事业的开拓者 …………………………………… (181)
“艺用”变“医用” …………………………………… (183)

萧军的《八月的乡村》…………………………………………………………（184）
光芒来自佳木斯 …………………………………………………………………（185）
东北书店出版的毛泽东著作知多少 ………………………………………（186）
一本受到嘉奖的好书:《国事痛》……………………………………………（187）
多彩的工农课本 …………………………………………………………………（188）
强大的组织、编辑和出版阵容 ………………………………………………（189）
东北书店大事记 ……………………………………………………………（190）
附录一　东北书店出版物印制地点与时间一览表 ………………（202）
附录二　东北书店 1946—1949 年出版物统计表 ………………（203）
后记 ……………………………………………………………………………（204）

序

XU

在紧张的本职工作之余，我饶有兴味地拜读了《东北书店书刊收藏与鉴赏》书稿。

读后首先有一种赏心悦目之感。书稿大体可划分作三部分，即东北书店印行之书籍与期刊精品选、印行之书刊目录和东北书店逸闻轶事。

可以说，这是一部全面展现东北书店出版物的图志本读物。前面大部分篇幅是精选的东北书店版书籍的封面图样，自成体系，自成一统，琳琅满目，美不胜收；中间是东北书店书刊目录，按照纵向时序把各时期出版的书籍目录详尽地罗列，具有很强的实用价值；后面则是带有一定研究介绍性质的东北书店逸闻轶事辑录，各成段落，简洁活泼，可读性强。

采用图、表、文结合的编写方法，是本书的一大创新。图、表、文三者合璧，在同类书籍中，给人耳目一新、别开生面之感。

本书作者是东北两位相关出版物的收藏者与研究者。他们在新的出版史框架内，在新的学术思维方式推动下，孜孜矻矻，淘换东北书店出版物的各类版本，掌握第一手资料，把细部放大，还原本相，作文化定位，揭示深邃的内涵，让读者感受到东北书店在现代中国

曾经历史性地存在过、活跃过，至今仍然或隐或现地辐射出光和热。其行为难能可贵，是一种文化的有益参与和精神的积极响应。

在波澜壮阔的东北解放战争中，中国共产党不仅锻炼了一支英勇的武装铁军，而且打造出一支强大的文化大军。屈指算来，东北书店从诞生到发展演变为东北新华书店，于今已经超过了半个世纪。历史的尘埃落定，回眸看去，它是中国共产党由革命党转变为全国执政党之前，创办的最具活力、影响最大的出版机构。在硝烟弥漫的战争年代，它竟然能够每天有 1.2 部书印行，有的著作最高发行量达到 6 万册。其间还有这样一个令人惊异的数字：当年“四野”入关时有 80 万大军，与之同时并行入关的还有东北书店印行的 30 万册图书。这是世界战争史上的奇观，也是世界出版史上的奇迹。

在感叹这奇观、奇迹的同时，我亦曾经慨然“红色出版史”上东北书店的出版物在当今的阙如。由于时间久远，战争年代的颠沛流离，加之当时图书馆少得可怜，东北书店的出版物尽管印数大，然而多数都在个人手中损毁殆尽。我个人多年来研究“红色出版史”，尽悉返顾、拾撷东北书店出版物的艰难。

及至看见这部书稿，我方有些释然。释然之后，我也颇多慨叹：两位研究者留心东北书店史事并搜集佚书，爬梳抉择，渐成规模，从而编缀它发生、流行的历史，迈出了重新“衔接”的坚实而重要的一步，其意义的显豁的确是不言而喻的了。

迄今为止，我还没有见过一部专门从收藏角度围绕一个红色出版机构的出版物予以系统观照的图书。而这部书做到了这一点。东北书店出版物体系的框架、构成，尤其是基本范畴，在这部书中得以凸现和确立，作者富有独创性的开拓工作，填补了这方面的一个空白。此外，我觉得，本书研究的另一大贡献，也最能体现作者的专长的，是关于东北书店的课题，没有人能够像他们那样进行得如此深入细致地研究。在书中，作者追溯渊源，努力将断环相扣，剥离主体的原初含混性，细微地梳理了东北书店所出版书刊的谱系，从历史源流、构成模式和类型等多方面来综合考察它们的内在关联，透出藏家与史家的睿智。作者通过艰辛地努力，为有关的收藏者和研究者提供了一张索骥图，一把启门钥。平心而论，本书不失为一部查考东北书店出版物的迄今最为完善、最为便捷的工具书。

在"红色收藏"愈来愈火的今日，东北书店印行的出版物，已然成为收藏界争相追逐的珍贵典藏。从党史学角度观照，东北书店的出版物里，传达着党的一以贯之的思想，承载着民族的恒久不变的精神，今天不过时，明天也不过时，是研究党史与革命文化史的珍贵史料和实物。本书以一种新的形式重新把东北书店出版物纳入我们的历史视阈中，也许某些人会认为有神圣化、仪式化和图腾化的倾向，但它确实已构成今天党史与革命文化史研究的有机因素之一。

当然，本书也有不尽如人意的地方，如图书出版目录还不够完整，内容尚显单薄等。我想，东北书店出版物的收藏与研究，应置于整个文化大背景之上，在动态中逐步推进，并加以认识。如果随着收藏的日渐丰富，通过新的发掘，不断有新的发现，在适当时机再编纂出版一部完整的东北书店出版物大型彩色画册，供人欣赏和查阅，无疑将又是一件功德无量的好事。而这，也正是我新的期盼之所在。

中央党史研究室 霍海丹

2005 年 10 月

前 言

QIAN YAN

出版史上的奇迹

张树东

1945年9月，饱受日本帝国主义蹂躏达14年之久的东北各族人民，与全国人民一道，在中国共产党的正确领导下和苏联红军的有力支援下，取得了抗日战争的最后胜利。然而，由于国民党在美国的支援下出兵东北，抢占抗日胜利果实，使东北地区很快又陷入内战的火海之中，成为全国解放战争的主战场之一。

1945年9月15日，中共中央召开政治局会议。会议根据全国形势，确定了"向北发展，向南防御"、"建立巩固的东北根据地"的战略决策，并成立了以彭真为书记的中共中央东北局，加强了党对东北工作的领导。在中共中央的正确指挥下，东北人民解放军经过一年多的英勇作战，歼灭了国民党军队大批有生力量，迫使其龟缩到交通要道和少数大中城市内，东北解放区已基本上连成一片。

作为思想教育战线上党的出版发行工作，同其他工作一样，在进军东北之后，创造性地做了很多工作。

东北书店是东北日报社于1945年11月7日开始筹建，当月16日在沈阳马路湾成立的。经理向叔保，副经理史修德。当时的主要任务是发行《东北日报》。在东北地区，由于两军对垒，时局动荡，占领区域时进时退，故东北书店成立后经历了战争的洗礼，根据时局变化和任务需要，多次转移。开业近20天后，于11月26日随东北局撤出沈阳，27日撤到本溪，随即接收了日伪金融合作大楼，并用以开设门市部，开始营业。当时书店工作人员16人。12月底先后转移到抚顺、梅河口。

1946年1月14日，东北书店转移到吉林省海龙县(海龙镇)，借用“同源祥”百货店半间门面开业，主要批发零售东北日报社出版的书报。4月18日，我军又一次解放长春；5月7日，东北书店接收了大仓洋纸行大楼。国民党部队经沈阳沿中长铁路北犯，我军进行了一个月“平化保卫战”。四平战役后主动撤离长春、吉林等城市。东北书店于1946年5月21日，由长春搬到哈尔滨。同年6月，迁到佳木斯，时任东北局宣传部秘书长的李常青来佳木斯组建东北书店总店。7月，东北日报社与东北新华印刷厂抵达佳木斯，厂址设在日伪时期的大和旅馆。8月底佳木斯印刷厂建成，厂长王大任，副厂长林德光，支部书记吕西良。其第二厂专为东北书店出版服务。以李文任总经理、卢鸣谷任副经理的东北书店总店，被安置在佳木斯中山大街，这时的东北书店隶属于东北局直接管理，是东北地区书店的核心。

作为后方基地来建设的佳木斯，于1946年9月上旬便出版了《中国革命与中国共产党》《延安归来》《从九一八到七七》等一批新书。1946年9月，在东北书店迁往佳木斯后，在东安建立了第三厂；1948年春节时，不慎失火，后并入佳木斯。

1947年7月，东北书店总店迁到哈尔滨。1948年1月，设哈尔滨印刷厂。长春解放后，1948年10月，接收长春新生日报社，由王大任任厂长，把当时长春最大印刷厂接收、修复。于1949年3月印刷出书，印刷精制而时间性不强的书籍，发挥它精装设备的作用，同时翻印再版书、普通书和课本。1948年底将牡丹江日报社领导的牡丹江书店和黑龙江省委(在北安)宣传部领导的新华书店统一为东北书店牡丹江分店。12 月 21 日,东北书店迁到沈阳。

1949 年 2 月开始筹建沈阳印刷厂。4 月,佳木斯印刷厂、哈尔滨文具厂、沈阳铅笔厂并入沈阳印刷厂,厂长石夫。5 月,开始印刷出书,当时主要印刷定期刊物和时间性强的书籍。4 月 1 日,大连大众书店改称东北书店大连书店。5 月,安东书店和《辽南日报》合并成立东北书店辽东总分店。为配合解放全国的新形势,东北书店这个名称如同东北民主联军改为中国人民解放军一样,完成了它的历史使命。为迎接全国新华书店的统一,经东北局报请中共中央宣传部批准,从 1949 年 7 月 1 日起,东北书店改名为东北新华书店总店。

东北解放区的出版发行工作,在战争年代里,克服重重困难,从无到有,从小到大,茁壮成长的过程,再现了中国共产党创建东北解放区和夺取东北解放战争胜利的壮丽史诗的生动丰富的激情岁月。

东北解放区的出版发行工作,始终坚持在中国共产党的领导下为人民服务,为解放战争服务,为建设根据地服务的正确的政治方向,它传播继承和弘扬了实事求是、培养干部、联系友邻,从群众中来,到群众中去等工作方法。

东北地区党的出版发行工作,是中共党史与东北党史特别是革命文化史的重要组成部分, 它在建立和巩固东北根据地过程中,宣传马列主义、毛泽东思想,发展新民主主义文化,配合和支援人民革命战争的胜利发展,都起到了很好的作用。

东北解放区的出版物和其他革命文献早期珍稀版本的逐渐失损,收藏、整理出版与研究,具有捍卫和抢救中共党史与革命文化典籍的重大意义。

东北解放区的东北书店,在三年多的时间里,出版各类书籍一千多种,这在世界出版史应当说是一个奇迹。

印行的书籍精品选

面对如此多姿多彩、迷目慑心的东北书店出版的书籍，不由得间隔着时空与之进行多侧面、多层次、多角度、多方位的对话。

内容上：

编辑工作是出版工作的灵魂。东北书店创建了独立运行的编辑部，将图书编辑工作同政治斗争、军事形势和民众生活紧密结合起来，把鼓舞前线将士的斗志、唤醒东北人民的觉悟、建立巩固的后方根据地作为基本任务。

在出版物内容的设置、约定、选择、编撰上，东北书店紧随东北解放战争的步伐，因此出版的图书及时配合局势发展需要，形成了政治色彩浓、与现实贴得紧、时间性强的特色，出版了一大批极具号召力、鼓动力、警醒力、普识力和影响力的著作。

设计上：

比较考究的装帧与版式展示着东北书店书籍设计艺术的外像和内涵。尽管受战时条件限制，出版人仍在不懈地为图书追求着美丽的扮饰，点缀了被硝烟战火荒凉的黑土地。

比如封面设计，多朴素清新、深沉简洁，图案花纹或抽象或具象；色彩上运用刻版套色，或淡雅或鲜烈，较为清朗入目。比如书名字体，丰富多彩，早期本甚至有后来刻字盖上去的，显得极其朴拙，今已成为珍罕本。比如插图，文艺类图书的插图灵动活泼，科普类图书的插图精细准确，教材类的图书的插图形象生动。东北书店出版的部分书籍的装帧设计带有鲜明的时代特征，成为研究那个历史时期的实用美术、装饰艺术的范本。

印刷上：

在动荡的战争环境中，东北书店几乎收拢集中了当时东北地区最先进的印刷设备和器材，形成了铸字、排字、印刷、装订及照相制版等正规工艺流程，为印制出高质量的书籍奠定了坚实的基础。

东北书店创造了战争史上书籍出版的奇迹。图书在印刷数量上，远远超出发达的南方地区。部分重点图书设计了普装本和精装本，甚至羊皮封面本；精装本的书脊可打上凸凹效果的图案。开本丰富，有长有方，有大有小，有横有竖。其中在各分店印行的书籍，因内容、编排、设计、设备、纸张等不同，形成了异彩纷呈的不同版本的图书，是藏书家努力追寻的宝物。

发行上：

这是从流播范围看东北书店出版的图书。东北书店的发行网建设，可以分作三个阶段。

初创期(1945 年 11 月——1946 年 9 月)：长途迁徙，已经定好印刷的版本，打上包装，到另一相对稳定的地方后，再予以印行，有的连书名都作了更换；有的版本，光见有记载，却迄今未搜集到实物。早期发行范围很小，印数也少，正值激烈动荡，容易散佚，保留下的已成为珍贵藏品；

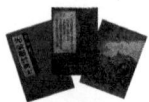

繁荣期(1946 年 9 月——1949 年 1 月)：随着东北解放战争的节节胜利，东北书店的发行网点迅速扩大，建立起 11 处分店、104

处支店、150 个代销处。发行范围，西至冀热辽、冀东，南至安东（今辽宁省丹东市）、大连，北至黑河，东至东安（今黑龙江省密山市）、虎林和绥芬河，同时，还对外向苏联、朝鲜等国发行。此期出版的图书版本繁杂，存世量大，是研究和收藏的重点；

变更期(1949 年 1 月——1949 年 6 月)：辽沈战役结束，中国人民解放军第四野战军挥师入关，打响震惊中外的平津战役。东北书店相机而动，派出小分队，携带 30 多万册图书，随军入关，相继建立了天津新华书店、北平新华书店，大批图书，供不应求。从此，各大图书馆、图书室开始收藏东北书店的各类图书，保存量比较大。

流传上：

东北书店印行的图书已成为藏书界争相追逐的"红色典藏"，而且形成了几大专题，如以东北版《毛泽东选集》为龙头的毛泽东著作等专题，因难度大而成为藏书界的一个新崛起的争攀高峰。

近 30 年来，在改革开放的浪潮中，动迁、移址、改组、破产等屡屡形成冲击波，许多工厂、学校、机关等单位原有的图书馆、图书室解体，使得馆藏几十年的东北书店出版的图书大批流入废品站、旧书摊，许多有识之士不吝倾囊收购，或依据自己的图书收藏专题购买。这些图书，仅上边所加盖的收藏戳记便令人眼花缭乱，有的图章就有研究价值。此外，这些图书的价格更让人生发研究兴趣，如同一版本书，有的却贴了条改变了价格。当然按其内容看，大多属于珍贵的党史研究资料。可以这样认定，这些图书，有的目前已属珍贵的版本，有的在不远的将来会成为珍贵的版本。

通化印行的书籍

政治协商会议文献
1946.4
市场稀缺度:★★★★

中共宣言与双十协定
1946.3
市场稀缺度:★★★★

东北问题(一)
1946.4.1
市场稀缺度:★★★★

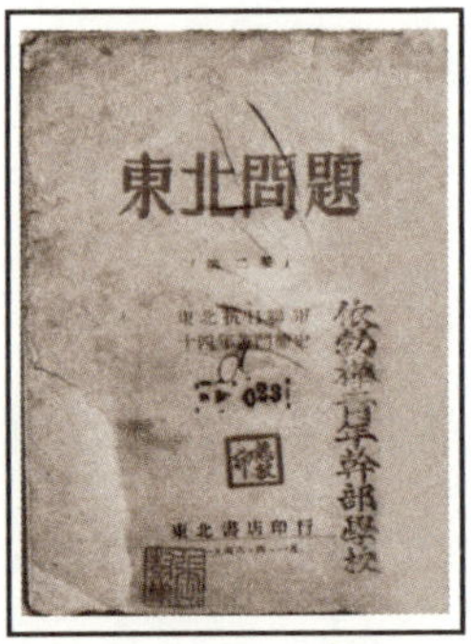

东北问题(二)
1946.4.15
市场稀缺度:★★★★

木刻选集
1946.4
市场稀缺度：★★★★★

反对法西斯
1946.5
市场稀缺度：★★★★

佳木斯印行的书籍

政治经济学
1946.8
市场稀缺度：★★★

思想方法论
1946.8 佳木斯 1-5000
市场稀缺度：★★★

窃国大盗袁世凯
1946.8 佳木斯 1-3000
市场稀缺度：★★★

汉奸刽子手曾国藩的一生
1946.8 佳木斯 1-5000
市场稀缺度：★★★

大众哲学
1946.8 佳木斯 1-5000
市场稀缺度:★★★

鼓风炉旁四十年
1946.8 佳木斯 1-4000
市场稀缺度:★★★

延安归来
1946.9
市场稀缺度:★★★★

表
1946.9
市场稀缺度:★★★

社会科学概论
1946.9 佳木斯 1-5000
市场稀缺度:★★★

鲁迅小说选
1946.9 佳木斯 1-5000
市场稀缺度:★★★★

粉碎蒋介石的进攻
1946.9 佳木斯 1–5000
市场稀缺度：★★★

林家铺子
1946.9 佳木斯 1–5000
市场稀缺度：★★★

鲁迅先生逝世十周年纪念特刊
1946.10 佳木斯 1–3000
市场稀缺度：★★★★

思想方法论初步
1946.10 佳木斯 1–5000
市场稀缺度：★★★

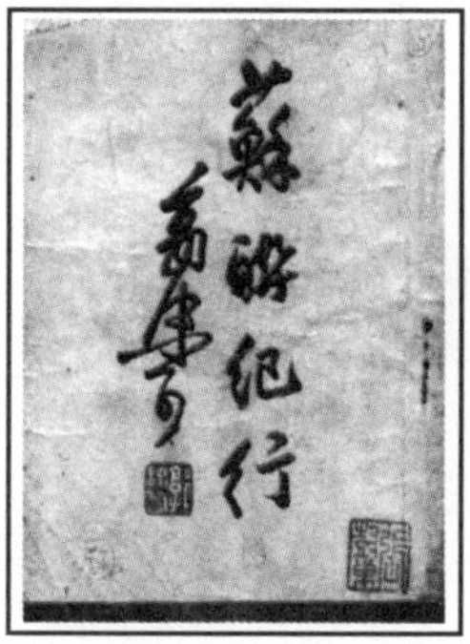

苏联纪行
1946.10 佳木斯 1–5000
市场稀缺度：★★★

中国近代史讲话
1946.10 佳木斯 1–5000
市场稀缺度：★★★

新时代的曙光
1946.10 佳木斯 1–3000
市场稀缺度：★★★

在北极
1946.11
市场稀缺度：★★

怎样写新闻通讯
1946.11 佳木斯 1–3000
市场稀缺度：★★

杨靖宇和抗联第一路军
1946.11 佳木斯 1–5000
市场稀缺度：★★★★

怎样研究政治经济学
1946.11
市场稀缺度：★★★

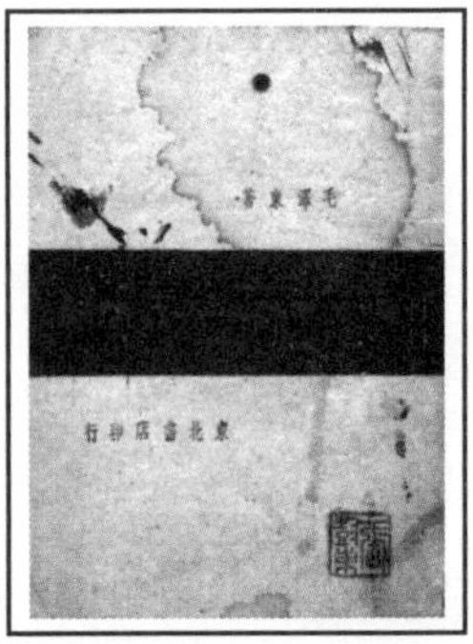

经济问题与财政问题
1946.11 佳木斯 1–3000
市场稀缺度：★★★

给初学写作者的一封信
1946.12 佳木斯 1–5000
市场稀缺度：★★

我怎样学习写作
1946.11 佳木斯 1–10000
市场稀缺度：★★

创作的标准
1946.11 佳木斯 1–10000
市场稀缺度：★★

辩证法唯物论入门
1946.12 佳木斯 1–5000
市场稀缺度：★★

屈原
1946.12 佳木斯 1–3000
市场稀缺度：★★★

王贵与李香香
1946.12 佳木斯 1–5000
市场稀缺度：★★★

血泪仇
1946.11 佳木斯 1–3000
市场稀缺度：★★★

患难馀生记
1946.12 佳木斯 1–5000
市场稀缺度：★★

中国四大家族
1946.12 佳木斯 1–10000
市场稀缺度：★★★

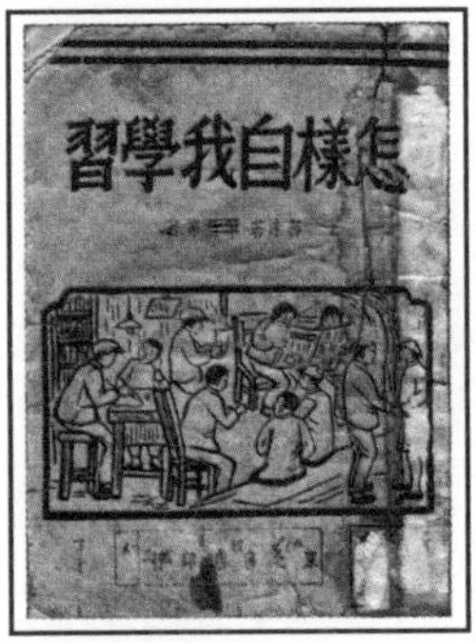

怎样自我学习
1946.12
市场稀缺度：★★

大家喜欢
1946.11
市场稀缺度：★★

眼睛亮了
1946.12 佳木斯 1–5000
市场稀缺度：★★★

社会主义从空想到科学的发展
1946.12
市场稀缺度：★★

清明前后
1946.12
市场稀缺度：★★

部队的文化学习与通讯工作
1946.12 佳木斯 1–10000
市场稀缺度：★★★

战局的转折点
1946.12
市场稀缺度：★★★

整风文献
1946.12
市场稀缺度：★★★

陆文龙
1946.12 佳木斯 1–3000
市场稀缺度：★★★

逼上梁山
1947.1 佳木斯 1–4000
市场稀缺度：★★★

民间艺术和艺人
1946.11 佳木斯 1–3000
市场稀缺度：★★★

血泪的控诉
1947.1
市场稀缺度：★★★

三打祝家庄
1947.1
市场稀缺度：★★★

毛泽东的思想及作风
1946.11 佳木斯 1–5000
市场稀缺度：★★★★

李有才板话
1946.12
市场稀缺度：★★★★

荷花淀
1946.10
市场稀缺度：★★★

论战局
1946.11
市场稀缺度：★★★

目击记
1947.1 佳木斯 1–5000
市场稀缺度：★★

在延安文艺座谈会上的讲话
1946.12
市场稀缺度：★★★

我们的乡村
1946.11
市场稀缺度：★★★

买不动
1946.12
市场稀缺度：★★★

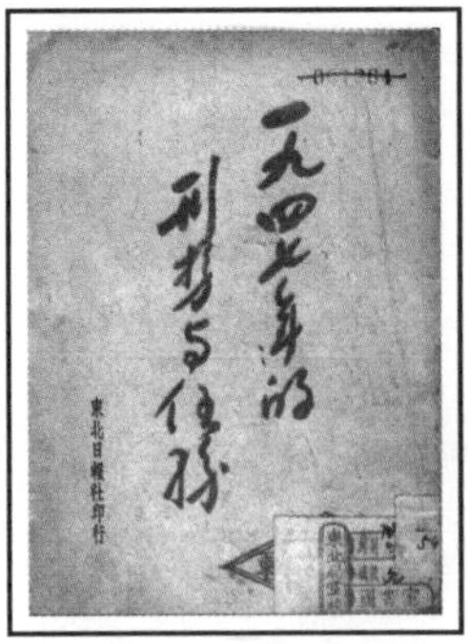

一九四七年的形势与任务
1947.1 佳木斯 1–3000
市场稀缺度：★★★

解放区普通教育的改革问题
1947.2 佳木斯 1–2000
市场稀缺度：★★★

解放区群众教育建设的道路
1947.1 佳木斯 1–2000
市场稀缺度：★★★

新人生观
1947.3 再版
市场稀缺度：★★

飞机学
1947.3 佳木斯 1–2000
市场稀缺度：★★★

关外胜利的自卫战
1947.3 佳木斯 1–5000
市场稀缺度：★★★

新民主农村的劳动互助
1947.3 佳木斯 1–5000
市场稀缺度：★★

美国共产党与战后问题
1947.3 佳木斯 1–3000
市场稀缺度：★★

千古恨
1947.1 佳木斯 1–4000
市场稀缺度：★★★

东北蒋占区真相
1947.1 佳木斯 1–3000
市场稀缺度：★★★

集中营
1947.3 佳木斯 1–5000
市场稀缺度：★★★

毛泽东印象记
1947.3 佳木斯 1–10000
市场稀缺度：★★★★

中国近代政治简史
1947.4 佳木斯 1–10000
市场稀缺度:★★★

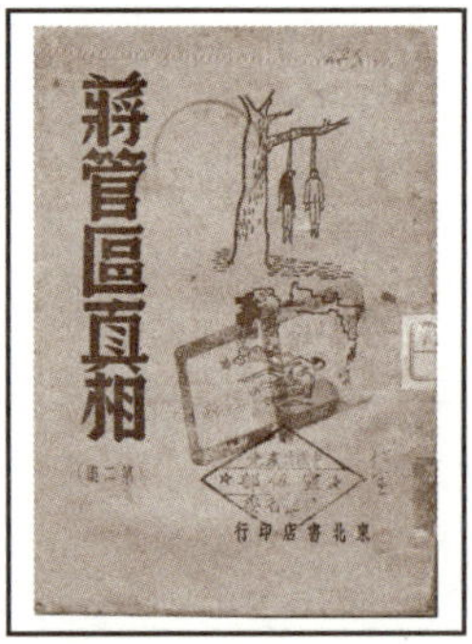

蒋管区真相(第二集)
1947.4 佳木斯 1–5000
市场稀缺度:★★★

鲁迅小说选
1947.4 佳木斯再版 10000
市场稀缺度:★★★

官兵关系
1947.4 佳木斯 1–5000
市场稀缺度:★★★

伪“国大”与“伪“宪”
1947.3 佳木斯 1–5000
市场稀缺度:★★★

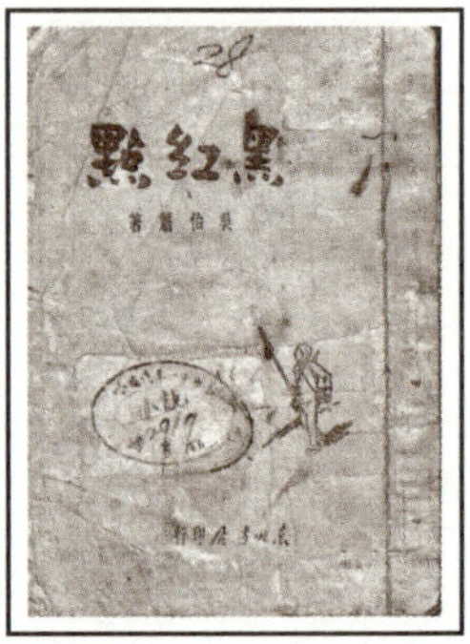

黑红点
1947.4 佳木斯 1–5000
市场稀缺度:★★★

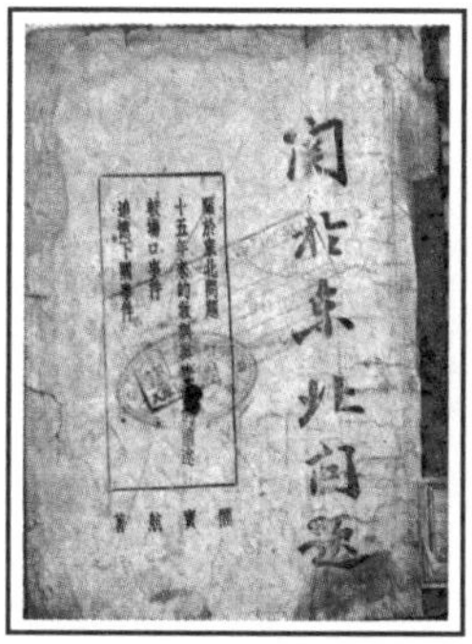

关于东北问题
1947.5
市场稀缺度：★★★

中国职工运动简史
1947.5 佳木斯 1–5000
市场稀缺度：★★

光荣归于民主
1947.5
市场稀缺度：★★★

揭露坦白与控诉
1947.5
市场稀缺度：★★★

论新阶段
1947.6 佳木斯 1–10000
市场稀缺度：★★★

人民歌集
1947.5 佳木斯 1–10000
市场稀缺度：★★★★

中国近代政治思想史料
1947.5 佳木斯 1–5000
市场稀缺度：★★

世界各国共产党
1947.6 佳木斯 1–1000
市场稀缺度：★★

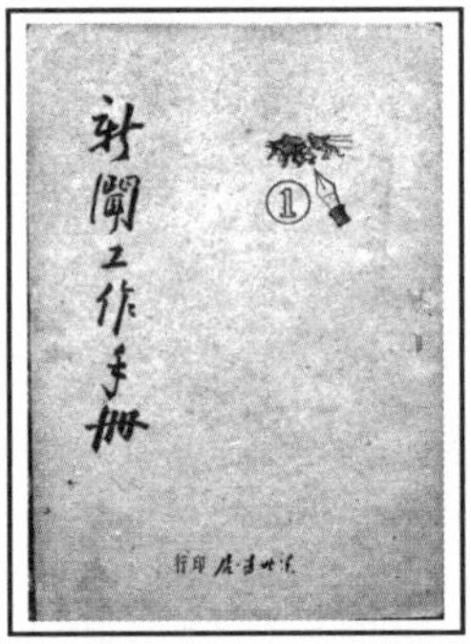

新闻工作手册
1947.6 佳木斯 1–5000
市场稀缺度：★★★

斯大林与真理
1947.6
市场稀缺度：★★

从“九一八”到“七七”
1947.7 佳木斯 1–10000
市场稀缺度：★★★

怎样研究时事
1947.6 佳木斯 1–10000
市场稀缺度：★★★

李家庄的变迁
1947.6 佳木斯 1–10000
市场稀缺度：★★★

抗日游击战争的战术问题
1947.8 佳木斯 1–10000
市场稀缺度：★★★★

论联合政府
1947.8 佳木斯 1–5000
市场稀缺度：★★★

从“七七”到“八一五”
1947.8 佳木斯 1–10000
市场稀缺度：★★★

论共产党员
1947.7 佳木斯 1–5000
市场稀缺度：★★★

国家与革命
1947.8 佳木斯 1–5000
市场稀缺度：★★

八路军到新解放区
1947.9
市场稀缺度：★★★★★

初小国语第八册
1947.7 佳木斯 1–20000
市场稀缺度：★

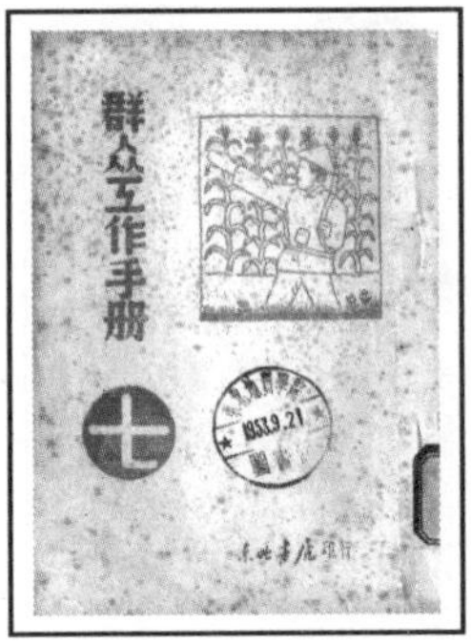

群众工作手册(七)
1947.8 佳木斯 1–10000
市场稀缺度：★★★

列宁在一九一八年
1947.7 佳木斯 1–10000
市场稀缺度：★★★

升官图
1947.9 佳木斯 1–4000
市场稀缺度：★★★

福贵
1947.9 佳木斯 1–10000
市场稀缺度：★★★

红娘子
1947.9 佳木斯 1–8000
市场稀缺度：★★★

蒋介石言行对照录
1947.9 佳木斯 1–8000
市场稀缺度：★★★

夏陶然的道路
1947.9 佳木斯 1–15000
市场稀缺度：★★★

四个民办小学
1947.10 佳木斯 1–10000
市场稀缺度：★★★

铁流
1947.9 佳木斯 1–5000
市场稀缺度：★★★

血肉相联
1947.9 佳木斯 1–10000
市场稀缺度：★★★

近代世界革命史话
1947.10
市场稀缺度：★★

论领导方法
1947.10 佳木斯 1–5000
市场稀缺度：★★

列宁
1947.10 佳木斯 1–5000
市场稀缺度：★★

刘巧儿告状
1947.10 佳木斯 1–1000
市场稀缺度：★★

怨悔、觉醒、控诉
1947.10 佳木斯 1–5000
市场稀缺度：★★★

蒋介石卖国真相
1947.10 佳木斯 1–10000
市场稀缺度：★★★

毛泽东的思想及作风
1947.10 再版 1–5000
市场稀缺度：★★★★

欧洲形势
1947.10 佳木斯 1–10000
市场稀缺度：★★

军事技术便览
1947.11 佳木斯 1–5000
市场稀缺度：★★

翻身民歌
1947.10 佳木斯 1–15000
市场稀缺度：★★★

地球的历史
1947.10 佳木斯 1–10000
市场稀缺度：★★

兵神
1947.10 佳木斯 1–5000
市场稀缺度：★★

向列宁学习工作方法
1947.11 佳木斯 1–5000
市场稀缺度：★★

人和山
1947.11 佳木斯 1–10000
市场稀缺度：★★

抗日游击战争的一般问题
1947.11 佳木斯 1–10000
市场稀缺度：★★★★

南征散记
1947.10 佳木斯 1–5000
市场稀缺度：★★★

刘志丹的故事
1947.11 佳木斯 1–1000
市场稀缺度：★★★

朱富胜翻身
1947.11 佳木斯 1–5000
市场稀缺度：★★★

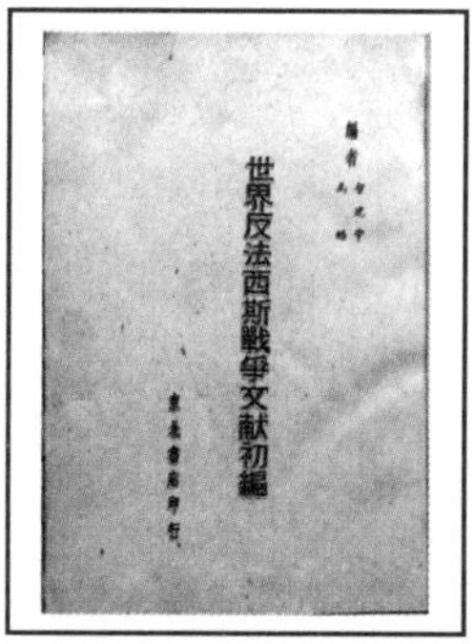

世界反法西战争文献初编
1947.11 佳木斯 1–3000
市场稀缺度：★★★

中国巨大变化的一年
1947.12 佳木斯 1–8000
市场稀缺度：★★★

妇女运动文献
1947.11 佳木斯 1–3000
市场稀缺度：★★★

社会科学概论
1947.11 佳木斯 1–5000
市场稀缺度：★★

中国通史简编（中编）
1947.11 佳木斯 1–5000
市场稀缺度：★★

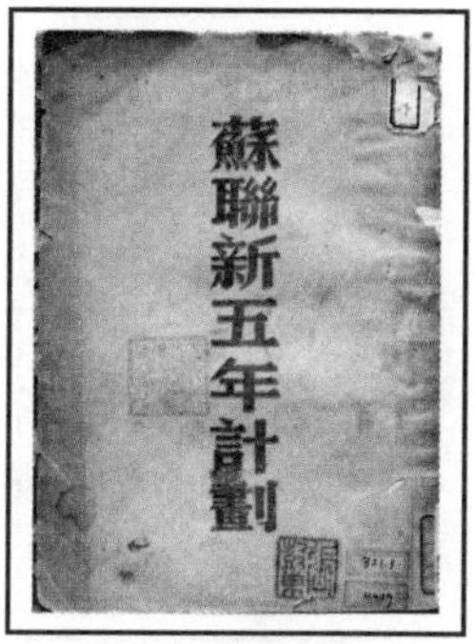

苏联新五年计划
1947.11 佳木斯 1–2000
市场稀缺度：★★

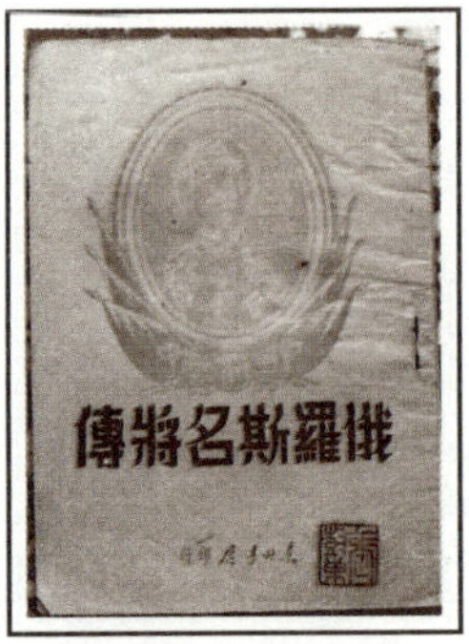

俄罗斯名将传
1947.10 佳木斯 1–5000
市场稀缺度:★

列宁的母亲
1947.11 佳木斯 1–5000
市场稀缺度:★★

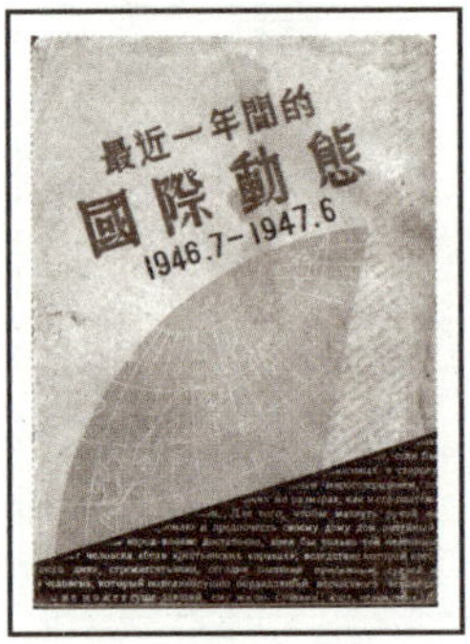

最近一年间的国际动态
1947.11 佳木斯 1–10000
市场稀缺度:★★

人间
1947.11 佳木斯 1–5000
市场稀缺度:★★★

新波兰游记
1947.11 佳木斯 1–5000
市场稀缺度:★★

哥尼斯堡之陷落
1947.11 佳木斯 1–10000
市场稀缺度:★★

俄国问题
1947.11 佳木斯 1–5000
市场稀缺度：★★★

知识分子的任务与出路
1947.11 佳木斯 1–5000
市场稀缺度：★★

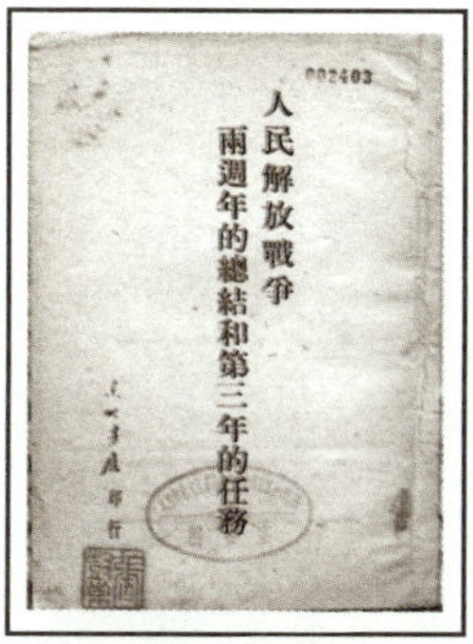

人民解放战争两周年的总结和第三年的任务
1947.12 佳木斯 1–10000
市场稀缺度：★★

光荣属于勇士
1947.12 佳木斯 1–5000
市场稀缺度：★★★

从“七七”到“八一五”
1947.12 再版 1000–5000
市场稀缺度：★★★

中国政治思想史(第二分册)
1947.12 佳木斯 1–4000
市场稀缺度：★★

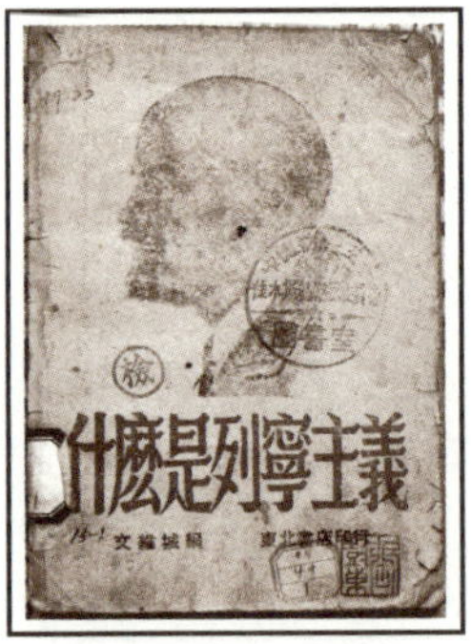

什么是列宁主义
1947.12 佳木斯 1–5000
市场稀缺度：★★

青年复仇记
1947.12 佳木斯 1–10000
市场稀缺度：★★★

中国近代史（上编一分册）
1947.12 佳木斯 1–10000
市场稀缺度：★★

微笑
1947.12 佳木斯 1–5000
市场稀缺度：★★

拥爱模范
1947.12 佳木斯 1–5000
市场稀缺度：★★

毛泽东传
1947.12 佳木斯 1–10000
市场稀缺度：★★★★★

列宁的童年

1947.12 佳木斯 1–5000

市场稀缺度：★★

万事不求神

1947.12 佳木斯 1–5000

市场稀缺度：★★

窃国大盗袁世凯

1947.12 佳木斯再版 1–3000

市场稀缺度：★★★

目前英帝国共产党的斗争和任务

1947.9 佳木斯 1–5000

市场稀缺度：★★

不可征服的人们

1947.9 佳木斯 1–10000

市场稀缺度：★★

中国共产党党章

1947.10 佳木斯翻印 1–30000

市场稀缺度：★★★

蒋管区真相(三)
1947.12 佳木斯 1–5000
市场稀缺度:★★★

八路军的英雄与模范
1947.12 佳木斯 1–5000
市场稀缺度:★★★

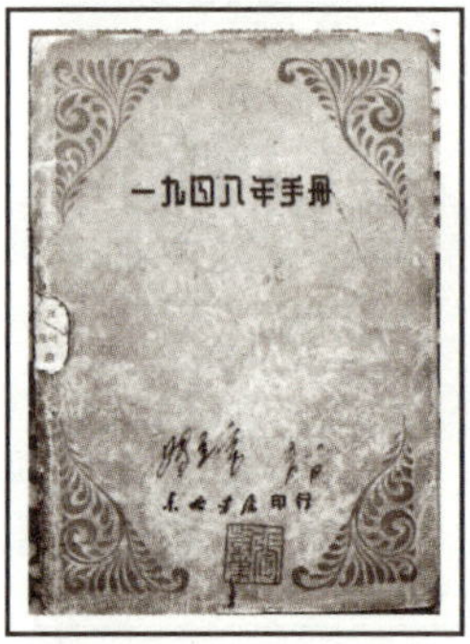

一九四八年手册
1947.12
市场稀缺度:★★★

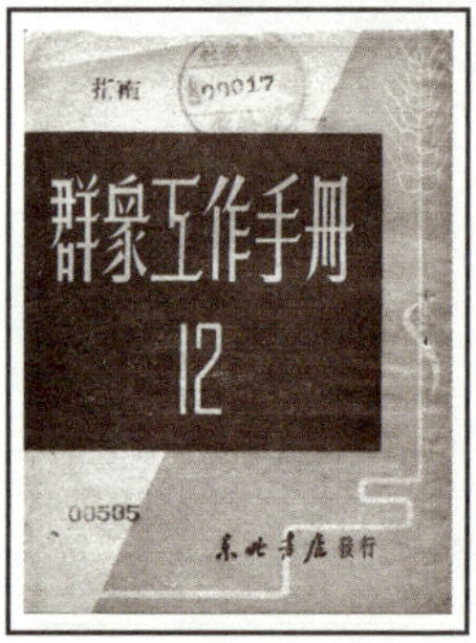

群众工作手册(12)
1947.12 佳木斯 1–6000
市场稀缺度:★★★

皖南突围记
1947.12
市场稀缺度:★★★

东 北 地 主 富 农 研 究
1947.12 佳木斯 1–10000
市场稀缺度:★★★

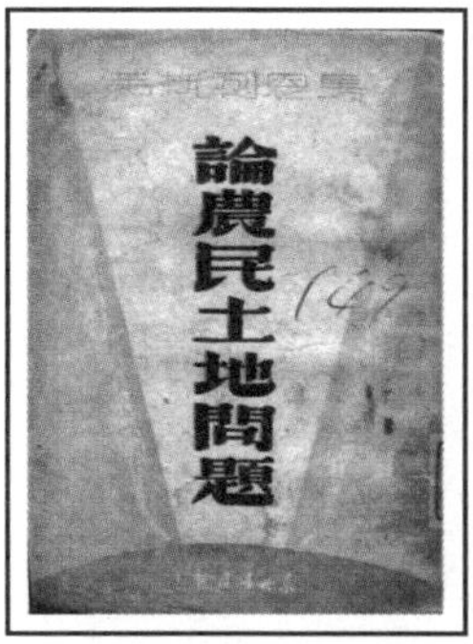

马恩列斯毛论农民土地问题
1947.12 佳木斯 1–5000
市场稀缺度：★★★

现中国的两种社会
1947.12 佳木斯 1–5000
市场稀缺度：★★

苏维埃人群像
1948.1 佳木斯 1–5000
市场稀缺度：★★

辩证唯物主义和历史唯物主义
1947.12 佳木斯 1–5000
市场稀缺度：★★

平分土地文献
1948.1 佳木斯第三版 5000–35000
市场稀缺度：★★★

血泪仇
1948.1 佳木斯再版 3001–5000
市场稀缺度：★★★

挖穷根
1948.1 佳木斯 1-1000
市场稀缺度：★★★

中国新型女英雄
1948.1 佳木斯 1-5000
市场稀缺度：★★

伊凡·尼古林俄罗斯的水兵
1948.1 佳木斯 1-5000
市场稀缺度：★★

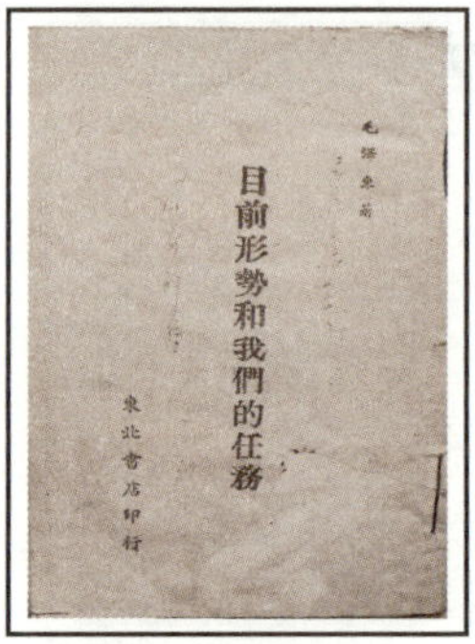

目前形势和我们的任务
1948.1
市场稀缺度：★★★

兵士兼统帅
1948.2 佳木斯 1-5000
市场稀缺度：★★

从“七七”到“八一五”
1948.2 佳木斯第三版
5000-8000
市场稀缺度：★★★

农村调查
1948.1 佳木斯 1–10000
市场稀缺度：★★★★

大众化编写工作
1948.4 佳木斯再版 3001–6000
市场稀缺度：★★

甲申三百年祭
1948.3 佳木斯 1–5000
市场稀缺度：★★★

一九四八年的时事漫画
1948.3
市场稀缺度：★★★★★

土地(一)
1948.3
市场稀缺度：★★★★★

三十年的苏联
1948.1 佳木斯 1–3000
市场稀缺度：★

马恩列斯毛论农民土地问题
1948.3 佳木斯再版 2000
市场稀缺度：★★★

思想方法论
1948.1 佳木斯 1–5000
市场稀缺度：★★★

太平天国革命运动
1948.3 佳木斯 1–5000
市场稀缺度：★★

社会发展史略
1948.12 第四版 10001–20000
市场稀缺度：★★

诺尔曼·白求恩
1948.3 佳木斯再版 5001–8000
市场稀缺度：★★★

民间音乐论文集(二)
1948.3 再版
市场稀缺度：★★★★

从“七七”到“八一五”
1948.3 佳木斯增订版 8000
市场稀缺度：★★★

毛泽东的青年时代
1948.3 佳木斯第三版
12000–42000
市场稀缺度：★★★

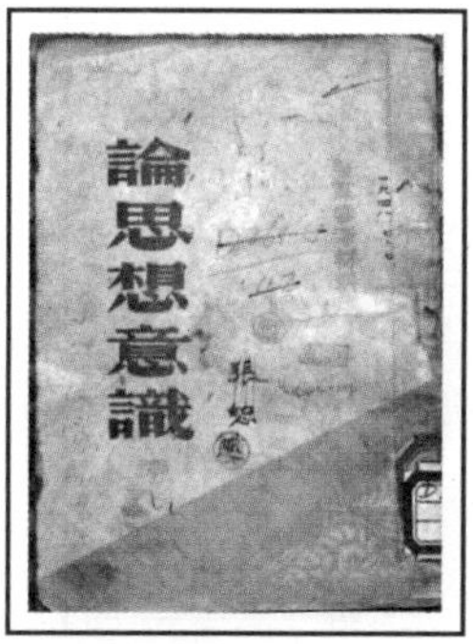

论思想意识
1948.4 佳木斯再版
5001–15000
市场稀缺度：★★★

中国革命与中国共产党
1948.4 第三版
市场稀缺度：★★★

狼牙山五壮士
1948.1
市场稀缺度：★★★★

论思想意识
1948.2 佳木斯 1–5000
市场稀缺度：★★★

如此“正统军”
1948.5 佳木斯 1–3000
市场稀缺度：★★★

大胆公开的批评
1948.5 佳木斯 1–6000
市场稀缺度：★★★

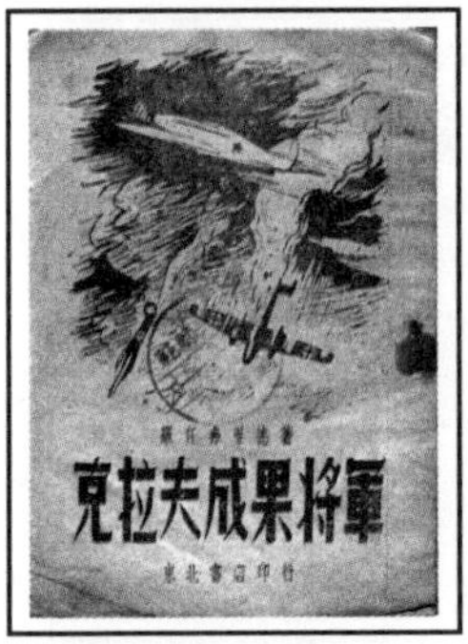

克拉夫成果将军
1948.5 佳木斯 1–3000
市场稀缺度：★

人民不死
1948.5 佳木斯 1–3000
市场稀缺度：★

从诉苦到复仇
1948.5 佳木斯 1–5000
市场稀缺度：★★★

目前党的政策汇编（第二辑）
1948.5 佳木斯 1–30000
市场稀缺度：★★★

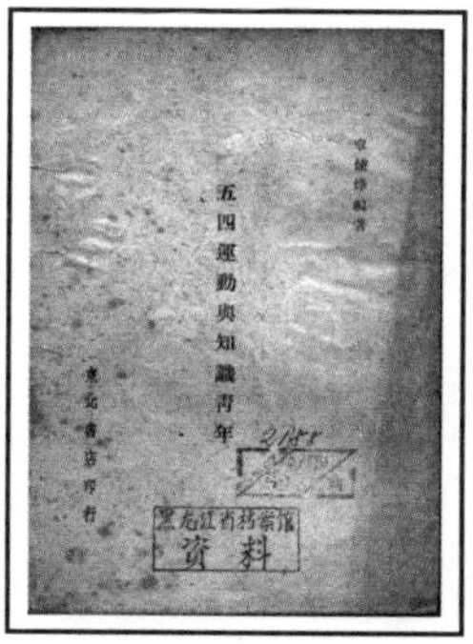

五四运动与知识青年
1948.6
市场稀缺度：★★★

苏沃洛夫元帅传
1948.6 佳木斯 1–5000
市场稀缺度：★★

中国巨大变化的一年
1948.6 佳木斯再版
8001–13000
市场稀缺度：★★★

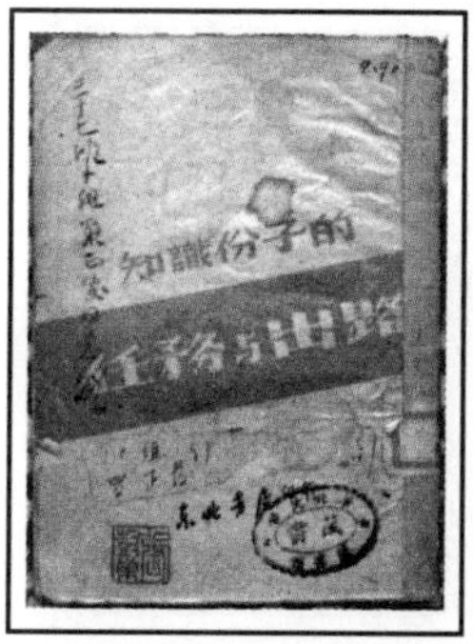

知识分子的任务与出路
1948.6 佳木斯第三版
13001–43000
市场稀缺度：★★

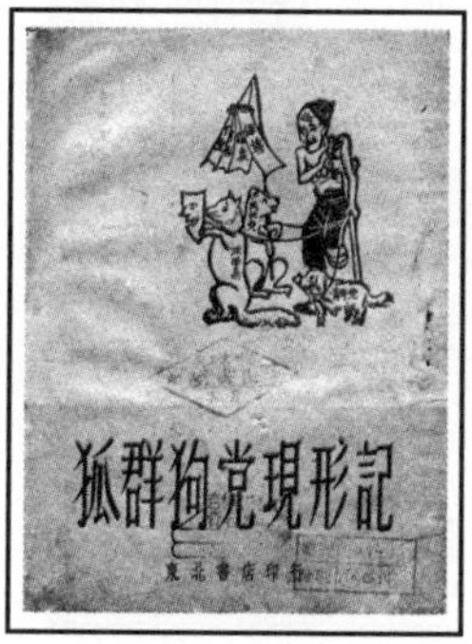

狐群狗党现形记
1948.5 佳木斯 1–10000
市场稀缺度：★★★

火
1948.5 佳木斯 1–4000
市场稀缺度：★★★

时论选辑
1948.6 佳木斯 1-5000
市场稀缺度:★★★

整风文献(订正本)
1948.6 佳木斯第五版
2001-3000
市场稀缺度:★★★

一个农民的真实故事
1948.6 佳木斯再版 2001-7000
市场稀缺度:★★★

长征故事
1948.6 佳木斯 1-10000
市场稀缺度:★★★

南征北战的英雄司汉民同志
1948.5 佳木斯 1-10000
市场稀缺度:★★★

鼓风炉旁四十年
1948.6 佳木斯再版 4001-8000
市场稀缺度:★★

青年歌声
1948.6 第四版
市场稀缺度：★★

九国共产党情报局文献
1948.7 佳木斯 1–5000
市场稀缺度：★★

论自我批评
1948.7 佳木斯 1–15000
市场稀缺度：★★

论苏联文学的高度思想原则
1948.7 佳木斯 1–1000
市场稀缺度：★

中国共产党党章教材
1948.8 佳木斯 1–20000
市场稀缺度：★★★

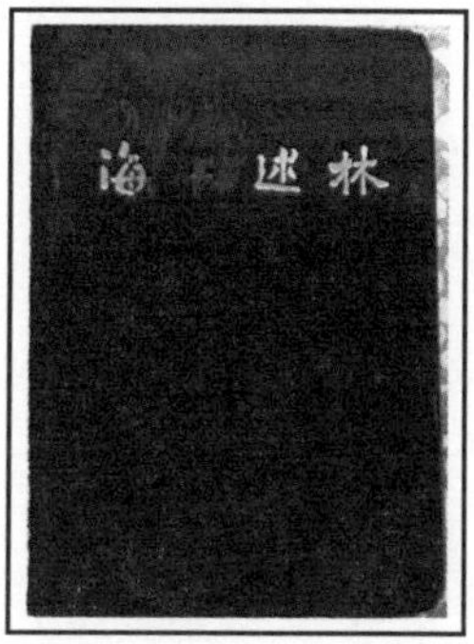

海上述林
1948.8
市场稀缺度：★★★

军爱民、民拥军
1948.10 佳木斯第三版 8001–18000
市场稀缺度：★★★

生与死
1948.8 佳木斯 1–10000
市场稀缺度：★★

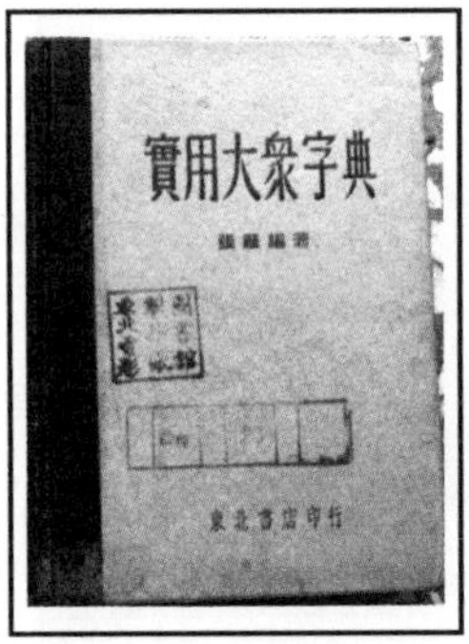

实用大众字典
1948.8 佳木斯 1–10000
市场稀缺度：★★★

乱弹及其他
1948.8
市场稀缺度：★★★

伊凡·尼古林俄罗斯的水兵
1948.9 佳木斯再版 5001–10000
市场稀缺度：★★

历史的伪造者
1948.9 佳木斯 1–6000
市场稀缺度：★★

唯物论与经验批判论
1948.10 佳木斯 1–5000
市场稀缺度：★★

攻无不克
1948.10 佳木斯 1–10000
市场稀缺度：★★

窃国大盗袁世凯
1948.10 佳木斯第三版
8001–14000
市场稀缺度：★★

印度问题
1948.10 佳木斯 1–5000
市场稀缺度：★★

绘图新庄农杂字
1948.10 佳木斯第四版
180001–230000
市场稀缺度：★★★★

中国共产党党章教材
1948.10 佳木斯第三版
35000–45000
市场稀缺度：★★★

空气的海洋
1948.10 佳木斯 1–1000
市场稀缺度：★★

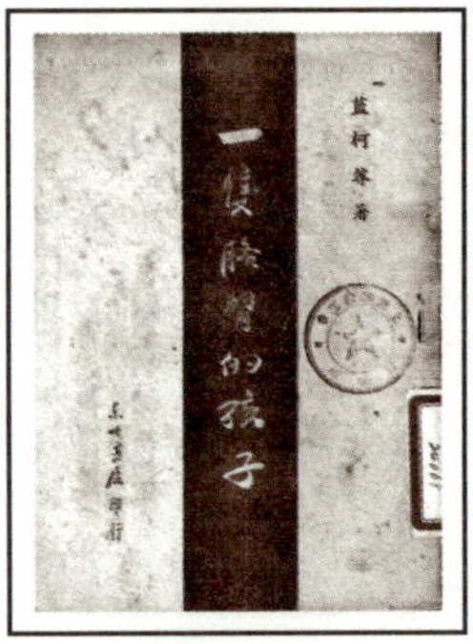

一支胳膊的孩子
1948.10
市场稀缺度：★★★

英雄小好汉
1948.10 佳木斯 1–10000
市场稀缺度：★★

中国共产党党章教材
1948.10 佳木斯第六版
85000–95000
市场稀缺度：★★★

整风文献
1948.10 佳木斯再版
30001–35000
市场稀缺度：★★★

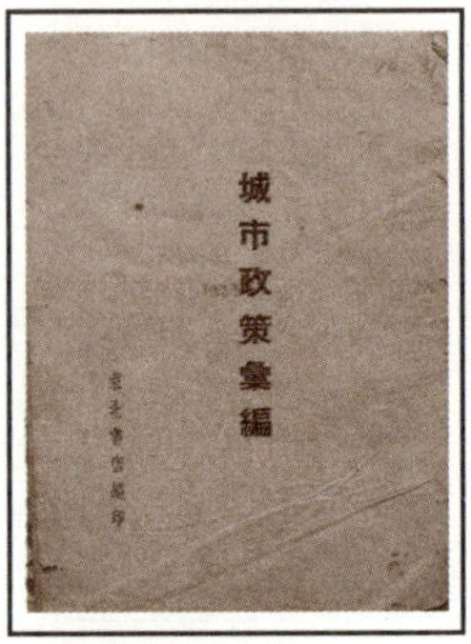

城市政策汇编
1948.10
市场稀缺度：★★★

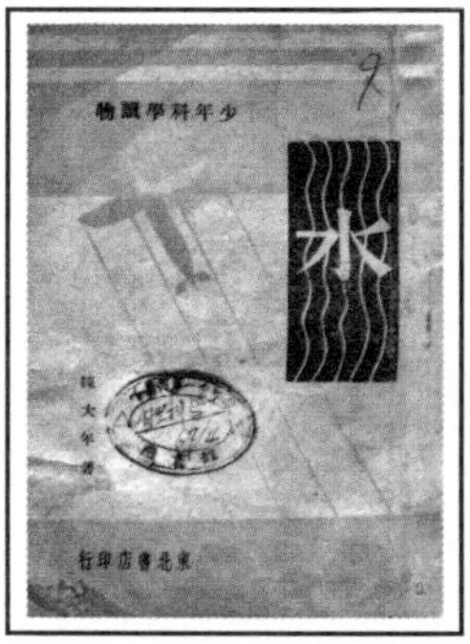

水
1948.10 佳木斯再版
10001–15000
市场稀缺度：★★

中国新型女英雄
1948.10 佳木斯再版
5001–10000
市场稀缺度：★★

劳动英雄刘英源
1948.11 佳木斯 1–10000
市场稀缺度：★★★

建党手册(一)
1948.11 佳木斯 1–10000
市场稀缺度：★★★

暴风骤雨(上)
1948.5
市场稀缺度：★★★★

论忠诚与老实
1948.5 佳木斯再版
5001–15000
市场稀缺度：★★★

斯大林论工业生产中的几个问题
1948.11 佳木斯 1–10000
市场稀缺度：★★

半年来的国内形势
1948.11 佳木斯 1–6000
市场稀缺度：★★★

三担水
1948.11 佳木斯 1–10000
市场稀缺度：★★

凤蝶外传
1948.11 佳木斯第三版 5000
市场稀缺度：★★★

斯大林格勒血战记
1948.11 佳木斯 1–10000
市场稀缺度：★★★

瞎月工伸冤记
1948.11 佳木斯再版
6001–16000
市场稀缺度：★★★

怎样过民主生活

1948.11 佳木斯 1–5000

市场稀缺度:★★

鲁迅思想研究

1948.11 佳木斯再版

5001–10000

市场稀缺度:★★★

几点钟

1948.11

市场稀缺度:★★

苏联的集体农场

1948.11 佳木斯再版

7001–17000

市场稀缺度:★

东欧新民主国家

1948.11 佳木斯 1–5000

市场稀缺度:★

陕北风光

1948.11 佳木斯 1–5000

市场稀缺度:★★★

农民文化课本(二)
1948.10 佳木斯 1–5000
市场稀缺度:★★★

为谁打天下
1948.11
市场稀缺度:★★★

鲁迅论美术
1948.11 佳木斯 1–5000
市场稀缺度:★★★★

远方
1948.11
市场稀缺度:★★

在零下四十度
1948.12 佳木斯 1–5000
市场稀缺度:★★

我们的连队
1948.11
市场稀缺度:★★

中国共产党党章教材
1948.12 佳木斯第六版 9500
市场稀缺度：★★★

近代世界革命史话
1948.12 佳木斯再版
6001–11000
市场稀缺度：★★

日丹诺夫同志关于西方哲学史的发言
1948.12 佳木斯再版 3001–8000
市场稀缺度：★★

毛泽东的故事
1948.12 佳木斯第三版
25000–65000
市场稀缺度：★★★

社会发展简史
1949.1 佳木斯第四版
10001–20000
市场稀缺度：★★

从“九一八”到“七七”
1948.12 佳木斯第三版
13001–18000
市场稀缺度：★★

先有天？先有地？
1948.12 佳木斯再版
10000–13000
市场稀缺度：★★

思想方法与学习方法
1948.12 佳木斯 10000
市场稀缺度：★

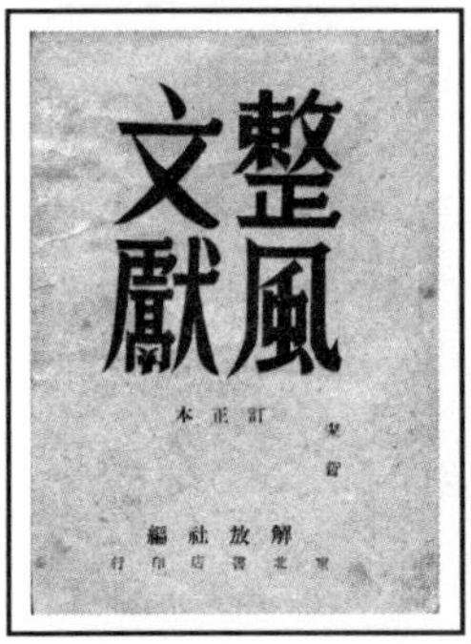

整风文献
1948.12 第六版
市场稀缺度：★★★

表现新的群众的时代
1948.12 佳木斯 1–5000
市场稀缺度：★★

十月革命的世界意义
1948.12
市场稀缺度：★★

目前形势和我们的任务
1948.9 佳木斯 10000
市场稀缺度：★★★

蒋党真相
1948.12 佳木斯 1–10000
市场稀缺度：★★★

天空的秘密
1948.11 佳木斯 1–1000
市场稀缺度：★

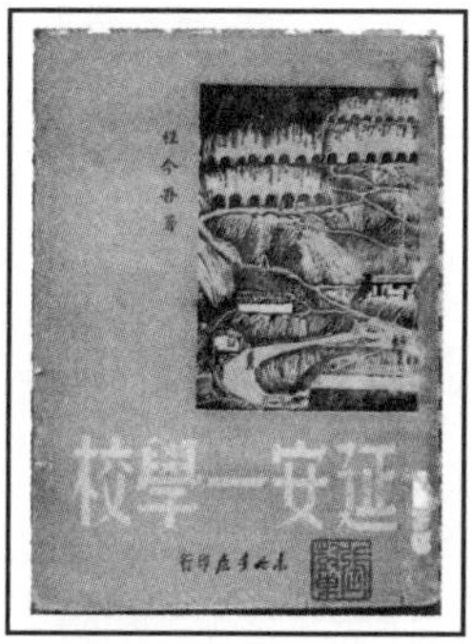

延安一学校
1949.1 佳木斯 1–10000
市场稀缺度：★★

苏联的宪法
1949.1 佳木斯 1–10000
市场稀缺度：★★

马克思恩格斯与马克思主义
1948.11 佳木斯 1–5000
市场稀缺度：★★

近代世界革命史话
1948.11 佳木斯再版
6001–11000
市场稀缺度：★★

打倒蒋介石建立新中国
1949.4 佳木斯 1–10000
市场稀缺度：★

民间艺术和艺人
1949.4 佳木斯再版 3001–6000
市场稀缺度：★★

“资本论”提纲
1949.3 佳木斯 1–6000
市场稀缺度：★★★

论民族问题
1949.1 佳木斯 1–8000
市场稀缺度：★

整风文献
1949.2 佳木斯 1–20000
市场稀缺度：★

政治经济学
1949.3 佳木斯 1–10000
市场稀缺度：★

政治经济学论丛
1949.3 佳木斯 1-6000
市场稀缺度：★★

共产国际第七次大会的总结
1949.4
市场稀缺度：★

中国四大家族
1949.3 佳木斯 1-10000
市场稀缺度：★

帝国主义是资本主义底最高阶段
1949.3 佳木斯 1-5000
市场稀缺度：★

东安（密山）印行的书籍

地球和宇宙
1947.5 东安 1-10000
市场稀缺度：★★★

水
1947.5 东安再版 5001-10000
市场稀缺度：★★★

列宁论文化与艺术
1947.5 东安 1–5000
市场稀缺度：★★★

马克思主义与文艺
1947.6 东安 1–5000
市场稀缺度：★★

战时苏联游记
1947.5 东安 1–5000
市场稀缺度：★★★

社会发展史略
1947.5 东安再版 5000
市场稀缺度：★★★

思想方法论
1947.5 东安 1–5000
市场稀缺度：★★★

列宁主义问题
1947.6 东安翻印 1–5000
市场稀缺度：★★

丰收
1947.7 东安 1-5000
市场稀缺度:★★★

辩证唯物论与历史唯物论基本问题(一)
1947.6 东安 1-5000
市场稀缺度:★★

辩证唯物论与历史唯物论基本问题(二)
1947.6 东安初版 1-5000
市场稀缺度:★★

西洋哲学史简编
1947.7 东安翻印 1-5000
市场稀缺度:★★

苏联红军英雄故事
1947.7东安 1-5000
市场稀缺度:★★

妻
1947.7 东安
市场稀缺度:★★

腐蚀
1947.7 东安 1–5000
市场稀缺度：★★★

时事两面观
1947.7 东安 1–10000
市场稀缺度：★★★

辩证唯物论与历史唯物论
基本问题（三）
1947.6 东安 1–5000
市场稀缺度：★★

辩证唯物论与历史唯物论
基本问题（四）
1947.6 东安 1–5000
市场稀缺度：★★

整风文献
1947.9 东安 1–5000
市场稀缺度：★★★

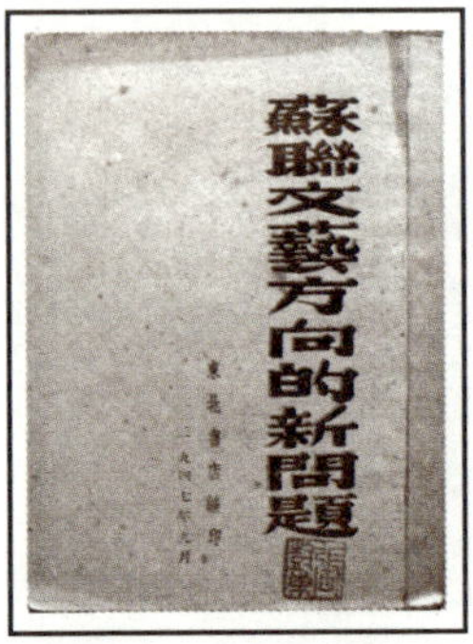

苏联文艺方向的新问题
1947.9 东安 1–10000
市场稀缺度：★★

共产党宣言
1947.5 东安 1–5000
市场稀缺度：★★★

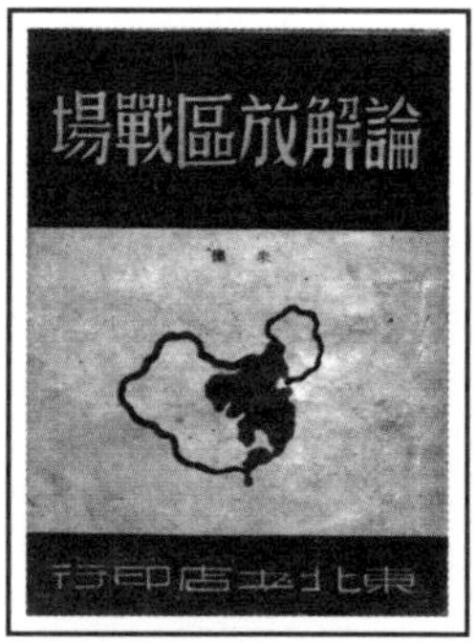

论解放区战场
1947.10 东安再版 10000
市场稀缺度：★★★

毛泽东同志在文艺座谈会上的讲话
1947.10 东安 1–10000
市场稀缺度：★★★

卡尔·马克思
1947.9 东安 1–10000
市场稀缺度：★★

论马恩列斯
1947.9 东安 1–5000
市场稀缺度：★★

演剧教程
1947.9 东安
市场稀缺度：★★

马克思主义与民族问题
1947.9 东安 1–10000
市场稀缺度：★★

美国是什么样的国家
1947.11 东安 1–5000
市场稀缺度：★★

社会民主党在民主革命中的两个策略
1947.9 东安 1–10000
市场稀缺度：★★

近代史教程
1947.10 东安 1–5000
市场稀缺度：★★

哈尔滨印行的书籍

斯大林传略
1948.8 哈尔滨 1–5000
市场稀缺度：★★

一个农民的真实故事
1948.5 哈尔滨再版 2001–7000
市场稀缺度：★★★

民兵的故事
1948.3
市场稀缺度：★★★★★

戎冠秀
1948.3
市场稀缺度：★★★★★

曹文选
1948.3
市场稀缺度：★★★★★

智勇双全
1948.8
市场稀缺度：★★★★★

庄稼人翻身
1948.8
市场稀缺度：★★★★★

独胆英雄
1948.8
市场稀缺度：★★★★★

毛泽东选集(1–6 卷)
1948.5 哈尔滨 1–20000
市场稀缺度:★★★★

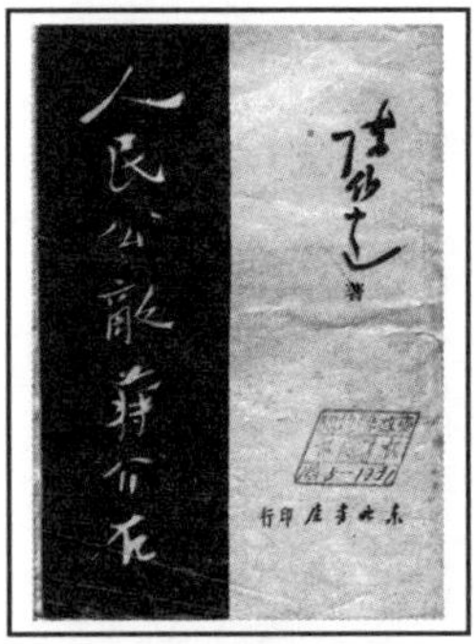

人民公敌蒋介石
1948.8 哈尔滨 1–20000
市场稀缺度:★★

共产主义常识
1948.8 哈尔滨 1–5000
市场稀缺度:★★

中共中央关于南斯拉夫
共产党问题的决议
1948.8
市场稀缺度:★★

人民解放战争两周年的总结和
第三年的任务
1948.8 哈尔滨 1–2000
市场稀缺度:★★

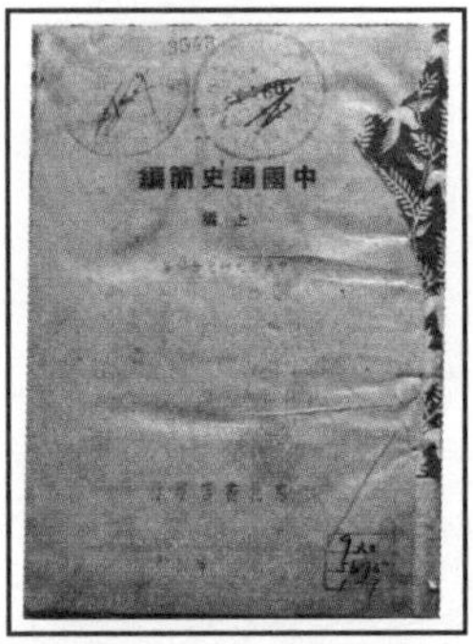

中国通史简编(上编)
1948.8 哈尔滨再版 5001–8000
市场稀缺度:★★★

中国通史简编(中编)
1948.8 哈尔滨再版 5001-8000
市场稀缺度:★★★

美帝扶日真相
1948.8
市场稀缺度:★★★

中国革命战争的战略问题
1948.8
市场稀缺度:★★★

思想方法论
1948.10 哈尔滨再版 3001-8000
市场稀缺度:★★★

团队之子
1948.10
市场稀缺度:★

人民的大学
1948.9 哈尔滨 1-5000
市场稀缺度:★★★

十万个为什么
1948.10 哈尔滨第三版
10001–15000
市场稀缺度：★★

列宁的母亲
1948.10 哈尔滨再版
5001–10000
市场稀缺度：★

陈树元挂奖章
1948.10
市场稀缺度：★★★

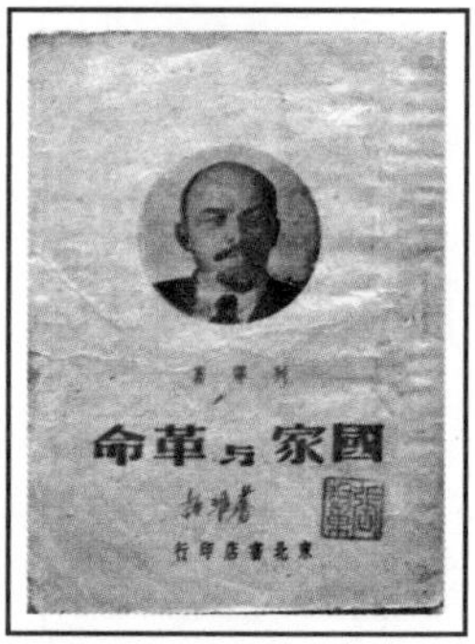

国家与革命
1948.11 哈尔滨再版
5001–8000
市场稀缺度：★★★

半年来的国内形势
1948.11 哈尔滨 1–6000
市场稀缺度：★★★

人体解剖简明图
1948.11 哈尔滨 1–5000
市场稀缺度：★★★★

战时苏联游记
1948.11 哈尔滨再版
5001–10000
市场稀缺度：★★

妻
1948.11 哈尔滨再版
5001–10000
市场稀缺度：★★

论国际主义与民族主义
1948.11 哈尔滨 1–30000
市场稀缺度：★★

国际知识读本
1948.12 哈尔滨 1–15000
市场稀缺度：★★

十月革命的世界意义
1948.12 哈尔滨 1–8000
市场稀缺度：★

重要的问题在善于学习
1948.12 哈尔滨 1–20000
市场稀缺度：★★

太平天国革命运动
1948.10 哈尔滨再版 5001–8000
市场稀缺度：★★

论领导方法
1948.12 哈尔滨再版
15001–25000
市场稀缺度：★★

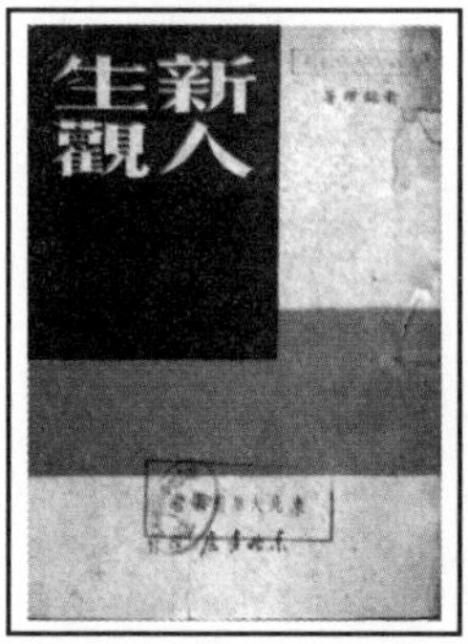

新人生观
1948.10 哈尔滨第六版
50001–70000
市场稀缺度：★★★

社会科学概论
1948.9 哈尔滨第三版
10001–20000
市场稀缺度：★★

解放区普通教育的改革问题
1948.11 哈尔滨再版 7001–12000
市场稀缺度：★★★

人民解放战争两周年的总结和第三年的任务
1948.12 哈尔滨再版
20001–40000
市场稀缺度：★

向列宁学习工作方法
1948.12 哈尔滨再版 5001–10000
市场稀缺度：★

人民公敌蒋介石
1948.12 哈尔滨再版 2001–3000
市场稀缺度：★

政治经济学
1948.12 哈尔滨再版 10001–15000
市场稀缺度：★★

大时代的插曲
1948.12 哈尔滨再版
10001–20000
市场稀缺度：★★★

刘志丹
1948.10 哈尔滨 1–10000
市场稀缺度：★★★

爱国主义与国际主义
1948.12 哈尔滨 1–10000
市场稀缺度：★

不夜天
1949.1 哈尔滨 1–10000
市场稀缺度：★★

马克思主义关于阶级与阶级斗争的理论
1949.3 哈尔滨 1–10000
市场稀缺度：★★

论列宁与列宁主义
1949.4 哈尔滨 1–10000
市场稀缺度：★★

苏联企业中的劳动英雄主义
1949.1 哈尔滨 1–5000
市场稀缺度：★

钢骨铁筋
1949.4 哈尔滨 1–10000
市场稀缺度：★★★

社会科学概论
1949.1 哈尔滨 1–20000
市场稀缺度：★

社会发展简史
1949.1 哈尔滨 1–20000
市场稀缺度：★

地球上生命的发生
1948.12 哈尔滨 1–10000
市场稀缺度：★

现中国的两种社会
1949.1 哈尔滨 1–20000
市场稀缺度：★

近代中国地租概说
1949.2 哈尔滨 1–10000
市场稀缺度：★

解放区散记
1949.4 哈尔滨 1–5000
市场稀缺度：★★

春耕互助
1949.4 哈尔滨 1–10000
市场稀缺度：★★★

战后美国
1949.5 哈尔滨 1–1000
市场稀缺度：★

农民的乐园—集体农场
1949.5 哈尔滨 1–10000
市场稀缺度：★

生死斗争
1949.5
市场稀缺度：★★

白求恩与阿洛夫
1949.5 哈尔滨 1–10000
市场稀缺度：★★

实用生理卫生
1949.5 哈尔滨 1–10000
市场稀缺度：★★

秧歌剧导演常识
1949.5 哈尔滨 1–5000
市场稀缺度：★★★

斯维托夫父子
1949.5 哈尔滨 1–5000
市场稀缺度：★

逃亡者
1949.5 哈尔滨 1–5000
市场稀缺度：★

苦尽甜来
1949.5
市场稀缺度：★

妈妈同志
1949.6
市场稀缺度：★★

灯塔
1949.5 哈尔滨 1–4000
市场稀缺度：★★

苏联人
1949.5 哈尔滨 1–5000
市场稀缺度：★★

社会发展简史
1949.6 哈尔滨 1–5000
市场稀缺度：★★

论赵树理的创作
1949.5
市场稀缺度：★★

苏联的文学
1949.6
市场稀缺度：★★★

马德全立大功
1949.6 哈尔滨 1–5000
市场稀缺度：★★

长春印行的书籍

电影编导简论
1949.4 长春 1–5000
市场稀缺度：★★★

国际主义与民族主义
1949.4 长春 1–10000
市场稀缺度：★

列宁选集(一)
1949.4 长春再版 6001–8000
市场稀缺度：★★★

封建主义
1949.4 长春 1–5000
市场稀缺度：★

掌握布尔塞维克领导经济的方法
1949.4 长春 1–10000
市场稀缺度：★

苏联红军三十年
1949.4 长春 1–10000
市场稀缺度：★

近代史教程
1949.5 长春再版 1–2000
市场稀缺度：★★

一支运粮队
1949.4
市场稀缺度：★★

军中记事
1949.4 长春 1–10000
市场稀缺度：★★

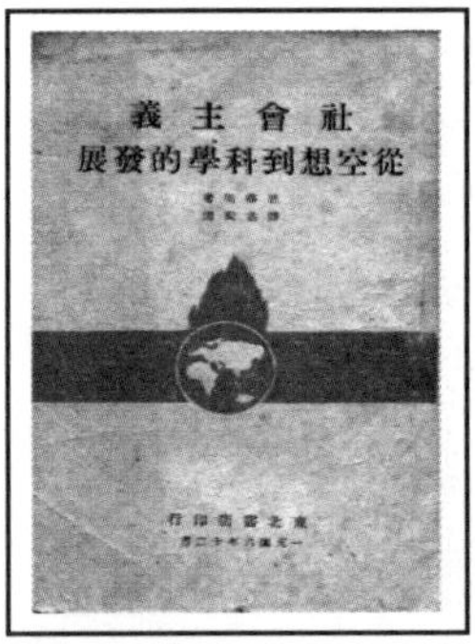

社会主义从空想到科学的发展
1949.4 长春 1–10000
市场稀缺度：★

矿山变灾
1949.5 长春 1–5000
市场稀缺度：★★

黑白
1949.4 长春 1–2000
市场稀缺度：★★★

列宁选集（十六）
1949.4 长春再版 6001–8000
市场稀缺度：★★★

科学与文化为和平进步民主而奋斗
1949.4 长春 1–10000
市场稀缺度：★

社会发展史略
1949.4 长春第五版 20001–30000
市场稀缺度：★

中国近代史参考材料(第一册)
1949.5 长春 1–5000
市场稀缺度：★★

列宁生平事业简史
1949.5
市场稀缺度：★★

论列斯创造的社会主义政治经济学
1949.5 长春 1–10000
市场稀缺度：★

回忆马克思
1949.4 长春 1–10000
市场稀缺度：★

火箭炮的历史及前途
1949.4 长春 1–8000
市场稀缺度：★★

编剧知识
1949.5
市场稀缺度：★★

诺夫城的神枪手
1949.4
市场稀缺度：★★★

不走正路的安得伦
1949.5 长春 1–10000
市场稀缺度：★

最后的渣滓
1949.4 长春 1–5000
市场稀缺度：★★

庄稼的祖先
1949.4 长春 1–10000
市场稀缺度：★★

打虎记
1949.5 长春 1–5000
市场稀缺度：★★

革命少年之家
1949.4 长春 1–20000
市场稀缺度：★

共产国际纲领
1949.6 长春 1–5000
市场稀缺度：★★

哥达纲领批判
1949.5 长春 1–5000
市场稀缺度：★

苏俄刑事诉讼法
1949.5 长春 1–3000
市场稀缺度：★

经济工作手册
1949.5 长春 1–5000
市场稀缺度：★★

中原突围记
1949.4 长春 1–10000
市场稀缺度：★★

钢铁是怎样炼成的
1949.6 长春 1–5000
市场稀缺度：★★★

捷克斯拉夫战后工业发展与两年计划
1949.6
市场稀缺度：★★

战伤治疗技术
1949.6 长春 1–10000
市场稀缺度：★★★★

思想方法论
1949.5 长春 1–3000
市场稀缺度：★★

自然的改造者
1949.5 长春 1–10000
市场稀缺度：★

左派幼稚病
1949.6 长春 1–2000
市场稀缺度：★

什么人应负战争责任?
1949.6 长春 1–5000
市场稀缺度:★★

两个血的历史教训
1949.5 长春 1–5000
市场稀缺度:★★

二流子转变
1949.5 长春 1–10000
市场稀缺度:★★★

信不得
1949.5 长春 1–10000
市场稀缺度:★★

廉颇蔺相如
1949.6 长春 1–10000
市场稀缺度:★★★

马克思主义与美国“例外论”
1949.6 长春 1–5000
市场稀缺度:★★★

纪念与回忆
1949.4 长春 1–10000
市场稀缺度：★★

中国通史讲话
1949.4 长春 1–10000
市场稀缺度：★★

共产党宣言
1949.5 长春 1–3000
市场稀缺度：★★★

论马恩列斯
1949.6 长春 1–5000
市场稀缺度：★★

结果怎么样
1949.6 长春 1–6000
市场稀缺度：★★

中国学生的当前任务
1949.4 长春 1–20000
市场稀缺度：★★★

国家与革命
1949.3 长春 1–50000
市场稀缺度：★★

代数
1949.3 长春 1–15000
市场稀缺度：★

立体几何学
1949.5 长春 1–5000
市场稀缺度：★

算术
1949.5 长春再版 20001–40000
市场稀缺度：★

列宁与文学及其他
1949.4 长春 1–5000
市场稀缺度：★★

古元木刻选集
1949.4 长春 1–2000
市场稀缺度：★★★★★

盼八路
1949.6
市场稀缺度：★★★

论联合政府
1949.4 长春 1-2000
市场稀缺度：★★★

沈阳印行的书籍

论农民问题
1949.3 沈阳 1-10000
市场稀缺度：★★★

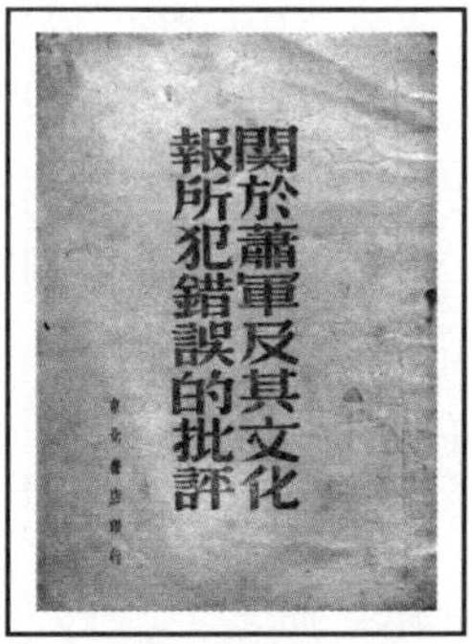

关于萧军及其文化报所犯错误的批评
1949.3 沈阳 1-5000
市场稀缺度：★★★

没有克服不了的困难
1949.4 沈阳 1-10000
市场稀缺度：★★★

列宁与斯大林的故事
1949.3 沈阳 1-10000
市场稀缺度：★★

如何贯彻东北全党的转变?
1949.5 沈阳 1–10000
市场稀缺度:★★★

怎样管理工厂
1949.5 沈阳 1–5000
市场稀缺度:★★★

燃烧与爆炸
1949.5 沈阳 1–5000
市场稀缺度:★★

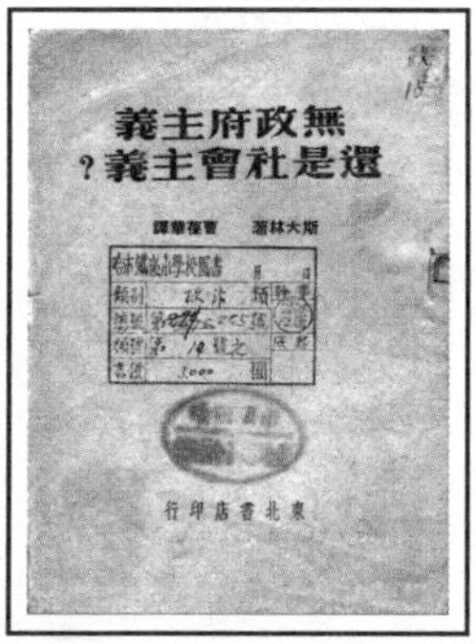

无政府主义还是社会主义?
1949.6 沈阳 1–10000
市场稀缺度:★

土地问题理论
1949.6 沈阳 1–6000
市场稀缺度:★★

简谱音乐讲话
1949.5 沈阳 1–5000
市场稀缺度:★★★

群众创作选集
1949.6 沈阳 1–5000
市场稀缺度：★★★

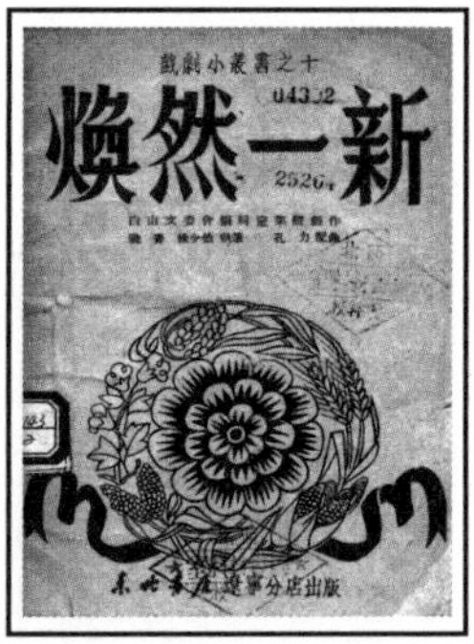

焕然一新
1949.6
市场稀缺度：★★★

牡丹江印行的书籍

新美术论文集(第一集)
1947.6 牡丹江
市场稀缺度：★★★

诗学
1947.8 牡丹江 1–2500
市场稀缺度：★★

地主发家史
1947.6 牡丹江
市场稀缺度：★★★

民歌民谣选集
1947.8 牡丹江
市场稀缺度：★★★

黄河西岸的鹰形地带
1948.7 牡丹江
市场稀缺度：★★★

致顾格曼博士书信集
1948.4 牡丹江 1–4000
市场稀缺度：★★★

中国共产党党章教材
1948.7 牡丹江
市场稀缺度：★★

铁流
1947.6 牡丹江
市场稀缺度：★★

中国现代革命运动史
1948.7 牡丹江
市场稀缺度：★★★

七斗王把头
1947.6 牡丹江
市场稀缺度：★★★

安东印行的书籍

中国革命与中国共产党
1946.2 安东翻印 1–5000
市场稀缺度：★★★

关于修改党章的报告
1948.9 安东翻印 1–6000
市场稀缺度：★★★

纪念日资料
1949.5 安东 1–3000
市场稀缺度：★★★

阶级是什么
1949.4 安东
市场稀缺度：★★★

共产主义的人生观
1949.3 牡丹江翻印 3000
市场稀缺度：★★

文艺工作论集
1949.4 安东 1–3000
市场稀缺度：★★★

中国革命运动史
1949.6 安东 1–3000
市场稀缺度：★★★

共产主义常识
1949.6 安东翻印 1–2000
市场稀缺度：★★

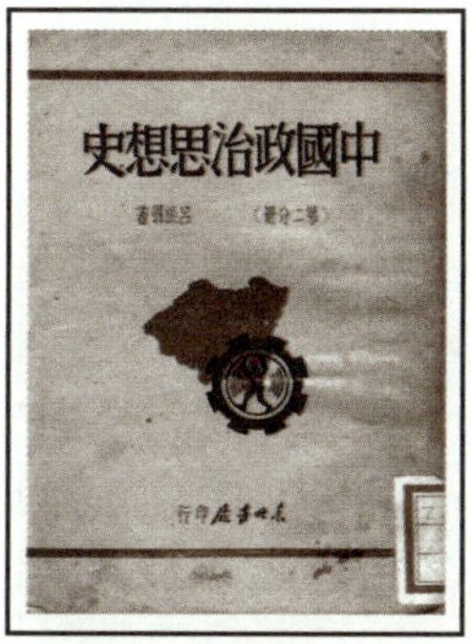

中国政治思想史(第二分册)
1949.6 安东 1–2000
市场稀缺度：★★

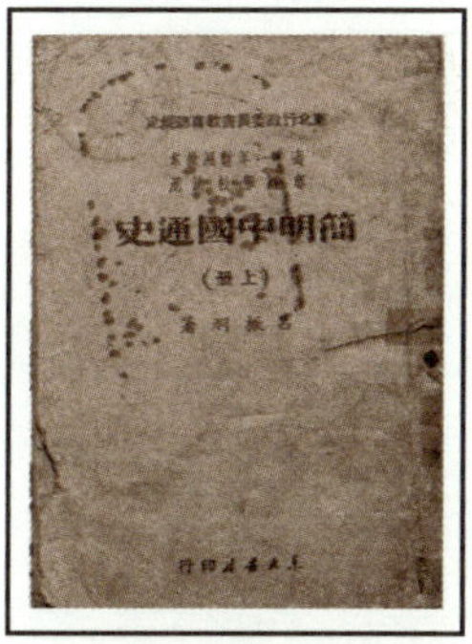

简明中国通史(上册)
1949.5 安东 1–2000
市场稀缺度：★★

北安印行的书籍

建党文集
1948.7 北安
市场稀缺度：★★

政策指示汇集(第二集)
1948.7 北安
市场稀缺度：★★★★

辽北印行的书籍

修养指南(三版)
1948.8 辽北
市场稀缺度:★★★

中国共产党党章教材
1948.9 辽北
市场稀缺度:★★★

什么是共产党?
1948.10.5 增印 20000
市场稀缺度:★★★

干部学习材料(三个文件)
1948.9 辽北
市场稀缺度:★★★

拥护共产党
1948.8 辽北
市场稀缺度:★★★

大连印行的书籍

生理化学
1949.5 大连
市场稀缺度:★★★

印行的期刊精品选

期刊收藏是图书收藏的一个重要分支。而在期刊收藏中，东北书店印行的期刊收藏现在是异军突起，已经在“红色经典”收藏的百花园里形成一花独秀之势。

读者把党的书店看作党的化身，而期刊拥有定期出版发行、栏目众多、形式活泼、时效快捷、读者固定等优势。为了给东北各个阶层的读者打开一扇扇认识新世界的窗口，东北书店充分利用期刊便于配合政治宣传、启蒙教育、活跃文化、丰富生活的特点，或自行编辑，或代为印刷，或协助发行，在战争年代里，创造了超乎寻常的期刊繁荣景象。

东北书店印行的期刊内容丰富，形式多样，雅俗并重，读者广泛，如《东北画报》以摄影和美术迅疾地真实地反映战斗、生产、生活景象；如《知识》以干部、知识分子为对象，主要刊载社会科学类著述文章；如《东北文艺》则以宣传党的文艺政策、传播文艺新闻为主；如《东北文化》则厚重渊博，深得知识青年的喜爱；如《人民戏剧》发表各类剧本和戏剧评论；如《人民音乐》则是创作歌曲和东北民歌的园地；如《文学战线》品位庄重、内蕴丰富，成为文学创作的花圃；如《翻身乐》面向农村区村干部，朴实通俗等等。总之，这一系列期刊组成一道独异的出版风景线。

东北书店印行的期刊，在当时，不论发起人、领导人、编排人、撰稿人，每一种期刊周围都围绕着一群文化巨擘、艺术俊彦、撰文高手、专业领袖，可以毫不夸张地讲，其中的大多数期刊的整体水准，至今仍然难以逾越，创造了中国出版史上期刊出版的连绵高峰。如内容，有现实新闻也有历史知识，有严肃理论也有娱乐鉴赏，有生活常识也有深奥科学，包罗万象；如开本，大者有 16 开本，小者有 32 开本；如编排，有综合，有专辑；如印刷，有黑白，有彩印；如发行，少则三千，多则逾万……

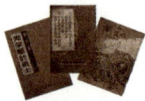

朝花夕拾，浓香依旧。东北书店印行的期刊虽经几十年岁月风烟熏染，仍新异无限，眩目撩心，令人爱不释手。

东北日报

东北日报

知识

知识

知识

知识

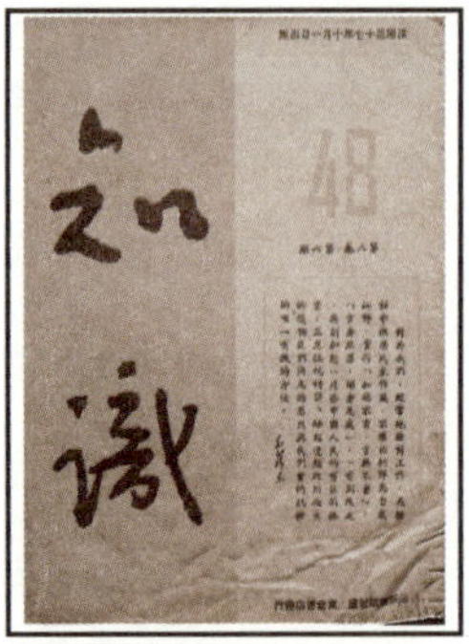

知识

知识

知识

知识

知识

出版与发行

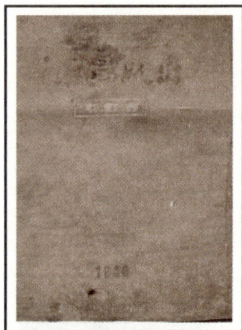

东北文艺(创刊号)

东北文艺

东北文艺

东北文艺

东北文艺

国际经济

出版与發行

出版与发行

出版与發行

出版与发行

出版与發行

出版与发行

出版与發行

出版与发行

出版与發行

出版与发行

出版与發行

出版与发行

出版与发行

东北画报

东北画报

东北画报

东北画报

东北画报

东北画报

东北画报

东北画报

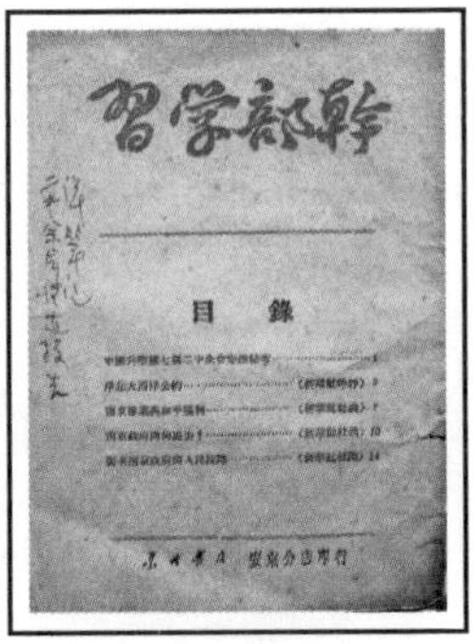

干部学习

干部学习

干部学习

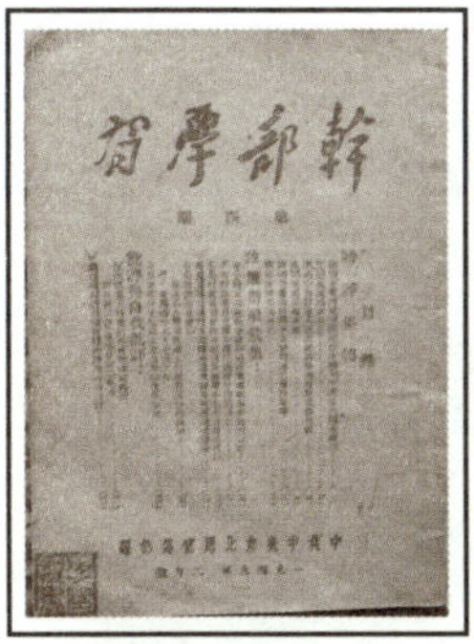

干部学习

干部学习

干部学习

文学战线

文学战线

文学战线

文学战线

文学战线

东北教育

东北书店出版的书刊

东北书店当年在出版工作中，遵循一个宗旨:“传播毛泽东思想,建设新民主主义文化。”基于此,当年的出版工作者身披战火硝烟,克服艰难困苦,甘愿殚精竭虑,勇于与时俱进,一字字、一册册的积累,像音符合成一阕优美的“红色出版”交响乐。

从目录学角度看：依据现今收藏实物与文献记载相互印证,东北书店印行的图书山高海深,风情万种。

从版本学角度看:应该说,东北书店的图书包蕴了各类、各品、各色、各时、各艺,矿藏丰润,开掘渊厚。

从市场学角度看:随着文化生活品位的大幅度的提升,不论收藏、研究、交换、购售、经营等,东北书店的图书极具升值空间。

从党史学角度看:党史的研究、探讨、编撰需要史料、需要实物证实,“红色旅游”需要博物馆、纪念馆、教育室等丰富藏品、增添亮点。

从社会学角度看:东北书店的图书里,传达着党的一以贯之的思想,承载着民族的恒久不变的精神,今天不过时,明天也不过时,是应该接续下去的一笔无价财富。

从收藏学角度看:这批历经沧桑的遗物,令藏书家怦然心动,肃然起敬。它具有质朴的秉性、秀朗的风韵、稚纯的格调,即使手间仅

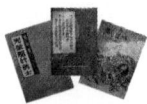

握一册，也无怨无悔。如果书架上摆上十册、百册、千册，那就可以自诩为“藏书富翁”了。

聚沙成塔，集腋成裘。东北书店图书目录浸透了出版界前辈的汗滴、泪水和心血，那是一团团象征着光明的火焰，照亮收藏后辈的寻觅的道路。

东北书店出版的书籍目录

序号	发行时间	书　　名	著　者	版别	市场稀缺度	备　注
1	1945	论联合政府	毛泽东	初版	★★★★★	
2	1945	论解放区战场	朱德	初版	★★★★★	
3	1945	从“九一八”到“七七”	解放社	初版	★★★★★	
4	1945	介绍中国之命运	陈伯达	初版	★★★★★	即为《评中国之命运》之误或当时用“介绍”两字。
5	1946.2	抗战以来重要文件汇集	东北日报社	初版	★★★★★	
6	1946.2	马克思主义与文艺	周扬	初版	★★★★	
7	1946.3	中共宣言与双十协定	东北日报社	初版	★★★★	
8	1946.4	东北问题指南	东北书店	初版	★★★★	
9	1946.4	东北现势与中国对东北问题的主张		初版	★★★★	
10	1946.4	政治协商会议文献	东北书店	初版	★★★★	
11	1946.4	中苏友好条约	东北书店	初版	★★★	
12	1946.4	中国革命与中国共产党	毛泽东	初版	★★★★	
13	1946.4	官兵关系	18集团军总政宣传部	初版	★★★★	
14	1946.4	论中国之命运	陈伯达	重版	★★★★	
15	1946.4	木刻选集	东北画报社	初版	平装★★★★★ 精装★★★★★	
16	1946.4	东北问题(第一集)	关寄晨	初版	★★★★	
17	1946.5	漫走解放区	陈学昭	初版	★★★★	
18	1946.5	东北问题(第二集)	冯仲云	初版	★★★★	
19	1946.8	目前形势	东北日报	初版	★★★	
20	1946.8	社会发展史略	解放社	初版	★★★	
21	1946.8	政治经济学	薛暮桥	初版	★★★	

序号	发行时间	书　　名	著者	版别	市场稀缺度	备　注
22	1946.8	毛泽东的人生观	张如心	初版	★★★	
23	1946.8	新人生观	俞铭璜	初版	★★★	
24	1946.8	眼睛亮了	何迟	初版	★★★	
25	1946.8	思想方法论	艾思奇	初版	★★★	青年自学丛书
26	1946.8	科学史全教程	吴黎平 艾思奇	初版	★★	
27	1946.8	实用经济学大纲	彭迪先	初版	★★★	
28	1946.8	大众哲学	艾思奇	初版	★★★	
29	1946.8	窃国大盗袁世凯	陈伯达	初版	★★★	
30	1946.8	曾国藩的一生	范文澜	初版	★★★	
31	1946.8	鼓风炉旁四十年	柯鲁包夫	初版	★★★	曼斯译
32	1946.8	李勇大摆地雷阵	邵子南	初版	★★★	
33	1946.8	腐蚀	茅盾	初版	★★★	
34	1946.8	中国史话	许立群	初版	★★★	
35	1946.8	中国革命运动史	张闻天	初版	★★★	
36	1946.8	论三民主义	陈伯达	初版	★★★	
37	1946.8	政治常识		初版	★★	
38	1946.8	做一个好党员建一个好的党		初版	★★★	
39	1946.8	领导方法与工作作风		初版	★★★	
40	1946.8	国民党与共产党	解放社编	初版	★★★	
41	1946.8	论联合政府	毛泽东	初版	★★★	
42	1946.8	新民主主义论	毛泽东	初版	★★★	
43	1946.8	从“九一八”到“七七”	解放社	初版	★★★	
44	1946.9	中国革命与中国共产党	毛泽东	初版	★★	
45	1946.9	列宁故事	左琴科	初版	★★★	曹靖华译
46	1946.9	文件(小说)	卡达耶夫	初版	★★	夏懿译
47	1946.9	新官场现形记		初版	★★★	
48	1946.9	论解放区战场	朱德	再版	★★★★	
49	1946.9	延安归来	黄炎培	初版	★★★★	
50	1946.9	鲁迅先生逝世十周年纪念特刊	东北文化社	初版	★★★★	
51	1946.9	表	班台莱耶夫	初版	★★★	鲁迅译

序号	发行时间	书　　名	著 者	版别	市场稀缺度	备 注
52	1946.9	八路军与新四军		初版	★★★	
53	1946.9	社会科学概论	社会科学研究会	初版	★★★	
54	1946.9	晴天	王力	初版	★★	
55	1946.9	鲁迅小说选	鲁迅	初版	★★★★	
56	1946.9	从江南到东北	时事研究会	初版	★★★	
57	1946.9	粉碎蒋介石的进攻	东北书店编	初版	★★★	时论特辑
58	1946.9	目前形势(第二集)	东北日报编	初版	★★★	
59	1946.10	林家铺子	茅盾	初版	★★★	封面华君武绘
60	1946.10	毛泽东的故事	萧三	初版	★★★★	
61	1946.10	一天的工作	茅盾	初版	★★	
62	1946.10	思想方法论初步	胡绳	初版	★★★	社会科学初步丛书
63	1946.10	荷花淀(短篇小说)	孙犁	初版	★★★	
64	1946.10	解答一个疑问	高崇民	初版	★★	
65	1946.10	社会科学常识		初版	★★	
66	1946.10	苏联纪行	郭沫若	初版	★★★	
67	1946.10	中国近代史讲话	韩启晨	初版	★★★	
68	1946.10	新时代的曙光	[苏联]M·左琴科	初版	★★★	曹葆华译
69	1946.10	论持久战	毛泽东	初版	★★★	101 页 32 开
70	1946.10	农村政治课本	东北局宣传部	初版	★★★	
71	1946.11	石老太太	杨重野	初版	★★★	
72	1946.11	在北极	巴巴宁	初版	★★	
73	1946.11	一颗未出膛的枪弹	丁玲	初版	★★★	
74	1946.11	怎样写新闻通讯	金照	初版	★★	
75	1946.11	杨靖宇和抗联第一路军	纪云龙	初版	★★★★	
76	1946.11	英雄传(第一集)	丁玲、莫艾等	初版	★★	
77	1946.11	富得荣还乡	萧也牧	初版	★★	

序号	发行时间	书　　名	著　者	版别	市场稀缺度	备　注
78	1946.11	汹涌澎湃的爱国运动		初版	★★	
79	1946.11	群众工作手册(第一辑)	东北日报社	初版	★★★	
80	1946.11	美国政府的反动政策必须改变	文川	初版	★★	
81	1946.11	英美间的石油战	乔雨节夫	初版	★★	
82	1946.11	哈尔滨	刘白羽	初版	★★★	
83	1946.11	李兆麟将军和他的儿子	鲁企风	初版	★★★★	
84	1946.11	鲁迅先生逝世经过略记	萧军	初版	★★★	
85	1946.11	谈爱国	李方	初版	★★	
86	1946.11	东北水产富源	本社资料室	初版	★★	
87	1946.11	毛泽东的主张	[英]斯坦因	初版	★★★	
88	1946.11	丰富文学修养	严文井	初版	★★	
89	1946.11	怎样研究社会科学	李文	初版	★★★	
90	1946.11	追悼人民艺术家张寒晖同志	柯仲平	初版	★★★	
91	1946.11	军民合作(歌曲)	张寒晖	初版	★★★★	
92	1946.11	通俗社会科学二十讲	曹伯韩	初版	★★	
93	1946.11	论三民主义	陈伯达	初版	★★★	
94	1946.11	陆文龙		初版	★★★	
95	1946.11	十万个为什么	伊林	初版	★★★	董纯才译
96	1946.11	八路军的英雄及模范（第一辑）	十八集团军总政治宣传部	初版	★★★	
97	1946.11	血债(三幕话剧)	东北文工团(第二团)	初版	★★★	
98	1946.11	毛泽东的思想及作风	张如心	初版	★★★★	
99	1946.11	共产党宣言	马克思、恩格斯	初版	★★	博古译
100	1946.11	问路		初版	★★	
101	1946.11	论战局	东北日报社	初版	★★★	

序号	发行时间	书　　名	著 者	版别	市场稀缺度	备　注
102	1946.11	怎样研究政治经济学	柳湜	初版	★★★	青年自学丛书
103	1946.12	经济问题与财政问题	毛泽东	初版	★★★	
104	1946.12	实用经济学大纲	彭迪先	初版	★★★	
105	1946.12	给初学写作者的一封信	苏联文学顾问会	初版	★★	张仲实译
106	1946.12	我怎样学习写作	高尔基	初版	★★	戈宝权译
107	1946.12	创作的标准	茅盾	初版	★★	青年自学丛书
108	1946.12	辩证法唯物论入门	胡绳	初版	★★	
109	1946.12	凤蝶外传	董纯才	初版	★★★	
110	1946.12	屈原(五幕历史剧)	郭沫若	初版	★★★	
111	1946.12	李有才板话	赵树理	初版	★★★★	朱丹插图
112	1946.12	王贵与李香香	李季	初版	★★★	
113	1946.12	血泪仇(秦腔剧)	马健翎	初版	★★★	
114	1946.12	吕梁英雄传(通俗小说)	马烽、西戎	初版	★★★	
115	1946.12	杨家湾小学	陶端予	初版	★★	
116	1946.12	抓壮丁(三幕话剧)	吴雪等	初版	★★	
117	1946.12	患难馀生记	邹韬奋	初版	★★	
118	1946.12	思想方法和读书方法	胡绳	初版	★★	
119	1946.12	中国四大家族	陈伯达	再版	★★★	
120	1946.12	民兵战术	刘祖靖	初版	★★★	
121	1946.12	怎样自我学习	郭沫若、茅盾等	初版	★★	
122	1946.12	解放区短篇创作选（第一辑）	周扬	初版	★★★	新文艺丛书之一
123	1946.12	解放区独幕剧选	舒非	初版	★★★★	
124	1946.12	国共		初版	★★	
125	1946.12	苏联刑法概论		初版	★	
126	1946.12	翻身		初版	★★	

序号	发行时间	书名	著者	版别	市场稀缺度	备注
127	1946.12	大家喜欢	马健翎	初版	★★	陈菌绘画
128	1946.12	鲁迅小志		初版	★★★	
129	1946.12	社会主义从空想到科学的发展	恩格斯	初版	★★	博古泽
130	1946.12	清明前后(五幕话剧)	茅盾	初版	★★	
131	1946.12	部队的文化学习与通讯工作	新四军山东军区政宣部	初版	★★★	
132	1946.12	战局的转折点	东北书店	初版	★★	时论选辑
133	1947.1	三打祝家庄(三幕评剧)	延安评剧研究会	初版	★★★	魏晨旭执笔
134	1947.1	一个战士	郭尔巴多夫	初版	★★★	伊真译
135	1947.1	我们的连长何方祥		初版	★★★	
136	1947.1	政治经济学	列昂节夫	初版	★★	解放社译
137	1947.1	整风文献	解放社	初版	★★★	订正本
138	1947.1	群众工作手册(第二辑)	东北日报社编印	初版	★★★	
139	1947.1	夏伯阳		初版	★★★	金人译
140	1947.1	逼上梁山(三幕评剧)	延安平剧研究院集体创作	初版	★★★	
141	1947.1	民间艺术和艺人	周扬、萧三等	初版	★★★	民间文艺丛书之一
142	1947.1	中国通史简编	范文澜	初版	★★★	
143	1947.1	虹	瓦希列夫斯卡	初版	★★	曹靖华译
144	1947.1	余为何参加中共工作	陈瑾昆	初版	★★★	
145	1947.1	目击记	[苏联]潘菲洛卡	初版	★★	
146	1947.1	一个女人翻身的故事	孔厥	初版	★★★	
147	1947.1	在延安文艺座谈会上的讲话	毛泽东	再版	★★★	37 页 32 开
148	1947.1	血泪的控诉	王耕今	初版	★★★	
149	1947.1	我们的乡村(独幕剧)	东北文工二团编	初版	★★★	李牧、颜一烟、王大化

序号	发行时间	书　　名	著 者	版别	市场稀缺度	备　注
150	1947.1	买不动(新秧歌剧)	鲁亚农	初版	★★★	东北文工二团戏剧音乐丛书之四
151	1947.1	活捉谢文东(东北大鼓)	于永宽	初版	★★★	
152	1947.1	秧歌剧选集	张庚	初版	★★★★	
153	1947.1	黑土子的故事(连环画)	沃渣	初版	★★★★★	东北画报丛书之五
154	1947.1	小二黑结婚	赵树理	初版	★★★★	刘迅插图
155	1947.1	国事痛	杨耳	初版	★★★	
156	1947.2	1947年的形势与任务	东北日报社	初版	★★★	
157	1947.2	军民一家(独幕话剧)	颜一烟 王家乙	初版	★★★	
158	1947.2	群众工作手册(第三辑)	东北日报社	初版	★★★	
159	1947.2	群众工作手册(第四辑)	东北日报社	初版	★★★	
160	1947.2	谁要中国内战	[美]罗章格等	初版	★★★	
161	1947.2	自卫歌声	任虹、罗正	初版	★★★	东北文工二团戏剧音乐丛书之二
162	1947.2	论共产党员	刘少奇	初版	★	
163	1947.2	解放区普通教育的改革问题	新教育学会	初版	★★★	人民新教育丛书之一
164	1947.2	解放区群众教育建设的道路	新教育学会	初版	★★★	人民新教育丛书之二
165	1947.2	晴天传(说唱本)	刘品高	初版	★★★	
166	1947.2	血泪仇(歌剧)	颜一烟	初版	★★★★	
167	1947.2	姑嫂劳军	罗立韵 于永宽	初版	★★★	
168	1947.2	延安生活	刘白羽	初版	★★★	
169	1947.3	新人生观	俞铭璜	再版	★★	
170	1947.3	飞机学	楚山	初版	★★★	自然科学丛书
171	1947.3	关内胜利的自卫战	东北书店	初版	★★★	部队读物之一
172	1947.3	关外胜利的自卫战	东北书店	初版	★★★	部队读物之二

序号	发行时间	书　　名	著 者	版别	市场稀缺度	备　注
173	1947.3	组织起来	毛泽东	初版	★★★	生产运动丛书之一
174	1947.3	怎样组织生产		初版	★★★	生产运动丛书之二
175	1947.3	新民主农村的劳动互助	赵练之	初版	★★	
176	1947.3	关于战后国际形势中几个基本问题的解释	陆定一	初版	★★★	
177	1947.3	美国共产党与战后问题	福斯特 戴尼斯	初版	★★	国际问题参考书
178	1947.3	千古恨(山西梆子)	周文、王修	初版	★★★	
179	1947.10	东北蒋占区真相	东北日报编	初版	★★★	
180	1947.3	集中营	长江等	初版	★★★	
181	1947.3	毛泽东印象记	许之桢	初版	★★★★	编译
182	1947.3	其塔木战役的英雄		初版	★★★	部队读物
183	1947.4	东北农村调查	东北局宣传部编	初版	★★★★	
184	1947.4	列宁主义概论	斯大林	初版	★★★	
185	1947.4	两个策略	列宁	初版	★★★	
186	1947.4	中国近代政治简史	军大总校政治部	初版	★★★	
187	1947.4	蒋管区真相(第二集)	东北日报社	初版	★★★	
188	1947.4	中国革命与中国共产党	毛泽东	再版	★★★	29页32开
189	1947.4	鲁迅小说选	鲁迅	再版	★★★	
190	1947.4	介绍南区合作社		初版	★★★	
191	1947.4	新儿童歌集	东北儿童社	初版	★★★★	
192	1947.4	东北大鼓		初版	★★★	
193	1947.4	群众工作手册(第五辑)	东北日报社	初版	★★★	
194	1947.4	诺尔曼·白求恩	周而复	初版	★★★	
195	1947.4	官兵关系	18集团军总政宣传部	初版	★★★	
196	1947.4	伪"国大"与伪"宪"	东北书店	初版	★★★	

序号	发行时间	书　　名	著　者	版别	市场稀缺度	备　注
197	1947.5	战局在开始变动		再版	★★★	
198	1947.5	一天的工作	茅盾等	初版	★★★	
199	1947.5	黑红点	吴伯箫	初版	★★★	
200	1947.5	一家人(独幕话剧)	留波	初版	★★★	
201	1947.5	英雄与模范		初版	★★★	战士读物
202	1947.5	农事常识		初版	★★★	生活小丛书
203	1947.5	怎样组织插工换工		初版	★★★	生活小丛书
204	1947.5	关于东北问题	阎宝航	初版	★★★	
205	1947.5	中国职工运动简史	邓中夏	初版	★★	
206	1947.5	八月的乡村	萧军	初版	★★★★	
207	1947.5	工人课本		初版	★★★	
208	1947.5	地球和宇宙	陈大年	初版	★★★	少年科学读物
209	1947.5	水	陈大年	再版	★★★	
210	1947.5	列宁论文化与艺术	列宁	初版	★★★	萧三译
211	1947.5	新儿童剧集	东北儿童社	初版	★★★	
212	1947.5	反“翻把”斗争(独幕剧)	李之华	初版	★★★★	东北文工二团戏剧音乐丛书
213	1947.5	国事痛(时事小说)	杨耳	初版	★★★	张望插图
214	1947.5	中国四大家族	陈伯达	再版	★★★	
215	1947.5	光荣归于民主	李普	初版	★★★	
216	1947.5	揭露坦白与控诉	东北大学图书馆资料室	初版	★★★	
217	1947.5	论新阶段	毛泽东	初版	★★★	137 页 32 开
218	1947.5	五月纪念日简史	长明	初版	★★★	
219	1947.5	人民歌集(第一辑)	人民音乐社编	再版	★★★★	
220	1947.5	中国近代政治思想史料	龚稷	初版	★★	
221	1947.6	论持久战	毛泽东	再版	★★★	101 页 32 开
222	1947.6	抗日游击战争的战略问题	毛泽东	初版	★★★	

序号	发行时间	书名	著者	版别	市场稀缺度	备注
223	1947.6	马克思主义与文艺	周扬	翻版	★★	
224	1947.6	世界各国共产党		初版	★★	
225	1947.6	列宁主义问题	斯大林	初版	★★	
226	1947.6	新闻工作手册	东北日报社编	再版	★★★	
227	1947.6	社会发展史略	解放社编	初版	★★★	干部必读文件
228	1947.6	战时苏联游记	［美］斯诺	初版	★★★	孙成佩译
229	1947.6	民兵战斗故事		初版	★★★	
230	1947.6	一切为了前线（拥爱故事）	贾齐	初版	★★★	
231	1947.6	中国史话	许立群	初版	★★★	
232	1947.6	清明前后	茅盾	再版	★★★	
233	1947.6	领导作风		初版	★★★	
234	1947.6	斯大林与真理	八路军留守团政治部	初版	★★	
235	1947.6	社会主义常识		初版	★★	
236	1947.6	论民族民主革命		初版	★★★	
237	1947.6	思想方法论	马恩列斯	初版	★★★	
238	1947.6	鲁迅论文集	鲁迅	初版	★★★	
239	1947.6	唯物史观		初版	★★★	
240	1947.6	战时苏联经济	沃兹涅先斯基	初版	★★	施宾译
241	1947.6	现哲学基本问题		初版	★★	
242	1947.6	列宁是我们的太阳		初版	★★	
243	1947.6	演剧教程	东北文工团	初版	★★★	新演剧丛书之二
244	1947.6	秧歌论文集		初版	★★★★	
245	1947.6	什么是戏剧		初版	★★★	
246	1947.6	钢铁是怎样炼成的	H·A·奥斯特洛夫斯基	初版	★★★	
247	1947.6	被开垦的处女地		初版	★★★	

序号	发行时间	书　　名	著 者	版别	市场稀缺度	备　注
248	1947.6	赴苏使命		初版	★★	
249	1947.6	铁流（大众本）	周文	初版	★★★	
250	1947.6	烈士传		初版	★★	
251	1947.6	从“九一八”到“七七”	东北大学图书资料室	初版	★★★	
252	1947.6	陕甘宁劳动英雄		初版	★★★	
253	1947.6	社会科学概论	社会科学研究会	初版	★★★	增订本
254	1947.7	母亲	高尔基	初版	★★★	孙光瑞译
255	1947.7	丰收	叶紫	初版	★★★	遗作
256	1947.7	新民主主义论	毛泽东	初版	★★★	80 页 32 开
257	1947.7	中国革命和中国共产党	毛泽东	再版	★★★	29 页 32 开
258	1947.7	洋铁桶的故事		初版	★★★	
259	1947.7	煤窑起义		初版	★★★	
260	1947.7	生产互助（三幕歌剧）		初版	★★★	
261	1947.7	总退却		初版	★★★	
262	1947.7	新音乐教程		初版	★★★	
263	1947.7	行知教育论文集		初版	★★★	
264	1947.7	战后殖民地问题		初版	★★	
265	1947.7	晋察冀行	周而复	初版	★★★	
266	1947.7	中国问题讲话		初版	★★★	
267	1947.7	太平天国革命史		初版	★★	
268	1947.7	中华民族革命史		初版	★★	
269	1947.7	困兽记	沙汀	初版	★★★	
270	1947.7	近代世界革命战争史		初版	★★	
271	1947.7	第一阶段的故事		初版	★★	
272	1947.7	论持久战	毛泽东	再版	★★★	

序号	发行时间	书　　名	著　者	版别	市场稀缺度	备　注
273	1947.7	论三民主义	陈伯达	再版	★★★	
274	1947.7	论战局	东北日报社	再版	★★	
275	1947.7	辩证唯物论和历史唯物论基本问题(一)	博古	初版	★★	编译
276	1947.7	西洋哲学史简编	薛格洛夫	初版	★★	王子野译
277	1947.7	怎样研究时事	戴夫	初版	★★★	
278	1947.7	苏联红军英雄故事	瓦希列夫斯卡	初版	★★	
279	1947.7	李家庄的变迁	赵树理	初版	★★★	
280	1947.7	新民主主义的文化教育	毛泽东	初版	★★★	
281	1947.7	妻	卡达耶夫	初版	★★	朱葆华译
282	1947.8	中国解放区木刻选	东北画报社	初版	★★★★★	
283	1947.8	中国民间剪纸		初版	★★	
284	1947.8	抗日游击战争的战术问题	抗日战争研究会	初版	★★★★	
285	1947.8	建党文集	黑龙江省委	初版	★★★	
286	1947.8	论联合政府	毛泽东	翻版	★★★	92 页 32 开
287	1947.8	新美术论文集(第一集)	沃渣	初版	★★★	新文艺丛书之七
288	1947.8	诗学	亚里士多德	初版	★★★	天兰译
289	1947.8	群众工作手册(第六辑)	东北日报社	初版	★★★	
290	1947.8	从“七七”到“八一五”	东北大学图书室	初版	★★★	
291	1947.8	腐蚀	茅盾	再版	★★★	
292	1947.8	论共产党	刘少奇	初版	★★★	
293	1947.8	国家与革命	列宁	初版	★★	
294	1947.8	时事两面观	邢肇棠	初版	★★★	
295	1947.8	中国解放区的妇女翻身运动		初版	★★★	
296	1947.8	打蝗斗争		初版	★★	
297	1947.8	吴满有(连环画)	古元	初版	★★★★★	小丛书之一安靖文

序号	发行时间	书　　名	著 者	版别	市场稀缺度	备 注
298	1947.8	大战城子街(连环照片)	白桦、王兰声	初版	★★★★	小丛书之二
299	1947.8	人民女英雄刘胡兰（连环画）	张望	初版	★★★★★	说唱连环画之一
300	1947.8	群众工作手册(第七辑)	东北日报社	初版	★★★	
301	1947.8	庄家经		初版	★★★	新农民读物
302	1947.9	鸟枪的故事(连环画)	张望	初版	★★★★	公木诗
303	1947.9	八路军到新解放区（连环画）	张望	初版	★★★★	
304	1947.9	万事不求神	王希坚	初版	★★★	
305	1947.9	人民与战争	刘白羽	初版	★★★	
306	1947.9	炼狱杂忆(上绕集中营)续篇	一青	初版	★★★	
307	1947.9	论群众路线		初版	★★★	
308	1947.9	中国革命与中国共产党	毛泽东	再版	★★★	29 页 32 开
309	1947.9	左派幼稚病	列宁	初版	★★★	
310	1947.9	列宁在一九一八年	林淡秋	初版	★★★	译,电影剧本
311	1947.9	辩证唯物论与历史唯物论基本问题(二分册)	博古	翻版	★★	编译
312	1947.9	不可征服的人们	戴天	初版	★★	
313	1947.9	活捉笑面虎	方青	初版	★★	通俗章回小说
314	1947.9	中国共产党党章(七大)		初版	★★★	
315	1947.9	民间音乐论文集	潘奇	初版	★★★	
316	1947.9	受苦人翻身大联唱(歌集)	吕骥	初版	★★★	音乐丛书之一
317	1947.9	在延 安文艺座谈会上的讲话	毛泽东	初版	★★★	
318	1947.9	小学音乐手册	潘奇	初版	★★★	
319	1947.9	人民一定能战胜(歌集)	安波词曲	初版	★★★	音乐丛书之二
320	1947.9	滹沱河流域	马加	初版	★★★	
321	1947.9	福贵	赵树理	初版	★★★	
322	1947.9	海内奇谈	马凡陀	初版	★★★	

序号	发行时间	书　名	著者	版别	市场稀缺度	备注
323	1947.9	挖坏根(秧歌剧)	颜一烟	初版	★★★	
324	1947.9	苏联文艺方向的新问题	东北书店编	初版	★★	
325	1947.9	解放区短篇创作选（第二集）	周扬编	初版	★★★	
326	1947.9	只不过是爱情	华西莱芙斯卡亚	初版	★★	金人译
327	1947.9	红娘子(改良平剧)	邓泽原	初版	★★★	东川改编东北文艺丛书
328	1947.9	南征散记	马寒冰	初版	★★★	
329	1947.9	经济问题与财政问题	毛泽东	初版	★★★	75 页 32 开
330	1947.9	共产党宣言	马克思 恩格斯	翻版	★★★	博古译
331	1947.9	人民的军队(连环画)	陈兴华	初版	★★★★★	通俗美术小丛书
332	1947.9	舍命救君子(连环画)	赵域	初版	★★★★★	通俗美术小丛书
333	1947.9	徐得玉兄弟参军(大鼓)		初版	★★★	
334	1947.9	农家乐(秧歌剧)	颜一烟	初版	★★★	新演剧丛书之九
335	1947.9	日头东升(秧歌剧)	林白	初版	★★★	
336	1947.9	蒋介石言行对照录	东北书店	初版	★★★	
337	1947.9	夏陶然的道路	刘子久	初版	★★★	
338	1947.10	四个民办小学	陕甘宁边区政府办	初版	★★★	
339	1947.10	刘巧团圆	韩起祥	初版	★★	
340	1947.10	关于修改党章的报告	刘少奇	初版	★★	
341	1947.10	近代世界革命史记	陈光祖	初版	★★	
342	1947.10	呐喊	鲁迅	初版	★★★★	
343	1947.10	中国通史简编(上编)	中国历史研究会	初版	★★★	
344	1947.9	地主发家史	牡丹江省委宣传部	初版	★★★	
345	1947.9	整风文献	解放社	再版	★★★	
346	1947.9	升官图	陈白尘	初版	★★★	
347	1947.9	铁流	周文编	初版	★★★	

序号	发行时间	书　　名	著 者	版别	市场稀缺度	备　注
348	1947.9	血肉相联(拥军爱民故事)	刘白羽等	初版	★★★	
349	1947.9	辩证唯物论与历史唯物论基本问题(三)	博古	翻版	★★	编译
350	1947.9	辩证唯物论与历史唯物论基本问题(四)	博古	翻版	★★	编译
351	1947.9	社会民主党在民主革命中的两 个策略	列宁	初版	★★	
352	1947.9	目前英帝国共产党的斗争和任务	东北书店编	初版	★★	
353	1947.10	论领导方法	东北书店	初版	★★	
354	1947.10	在延安文艺座谈会上的讲话	毛泽东	再版	★★★	37 开 32 页
355	1947.7	新秧歌剧选集(三)	张如庚	初版	★★★★	新文艺丛书之六
356	1947.10	列宁	高尔基	初版	★★	
357	1947.10	刘巧儿告状	袁静	初版	★★	通俗文艺丛书
358	1947.10	做什么	列宁	初版	★★	
359	1947.10	帝国主义是资本主义底最高阶段	列宁	初版	★★	
360	1947.10	真理究竟在哪里?	东北书店	初版	★★	
361	1947.10	解放军大举反攻		初版	★★	
362	1947.10	论公营工厂	邓发	初版	★★	
363	1947.10	秧歌论文选集	艾思奇	初版	★★★★	
364	1947.10	勇敢的人	刘白羽	初版	★★★	
365	1947.10	爱和恨	东北书店	初版	★★★	
366	1947.10	怨恨·觉醒·控诉	东北书店	初版	★★★	
367	1947.10	鲁迅思想研究	何干之	初版	★★★	
368	1947.10	蒋介石卖国真相	方克	初版	★★★	
369	1947.10	参军保家(四场秧歌剧)	李牧	初版	★★★	
370	1947.10	如此正统军	颜一烟	初版	★★★	
371	1947.10	毛泽东的思想及作风	张如心	再版	★★★★	
372	1947.10	毛泽东同志在文艺座谈会上的讲话	毛泽东	再版	★★★	

序号	发行时间	书　　名	著　者	版别	市场稀缺度	备　注
373	1947.10	论解放区战场	朱德	再版	★★★	
374	1947.10	欧洲形势	东北日报社	初版	★★	时事选集
375	1947.10	卡尔·马克思（校正本）	列宁	初版	★★	博古译
376	1947.10	论马恩列斯	解放社	初版	★★	
377	1947.10	山东人民的新生	宿士平	初版	★	
378	1947.10	军事技术便览	依万诺夫	初版	★★	常彦卿译
379	1947.10	翻身民歌（歌谣）	王希坚	初版	★★★	通俗文艺丛书
380	1947.10	地球的历史	雪提维奇	初版	★★	陈应新译
381	1947.10	李二小参军	佟骏	初版	★★	
382	1947.10	八路军的英雄与模范	第十八集团军政宣部	初版	★★★	第二辑
383	1947.10	正义的呼声	陈璜昆	初版	★★★	
384	1947.10	神兵（话剧）	贾霁	初版	★★	
385	1947.10	先有天？先有地？	彭庆昭等	初版	★★	
386	1947.11	群众工作手册（第八辑）	东北日报社	初版	★★★	
387	1947.11	群众工作手册（第九辑）	东北日报社	初版	★★★	
388	1947.11	向列宁学习工作方法	克鲁普斯卡亚	初版	★★	
389	1947.11	人和山（科学故事）	伊林	初版	★★	董纯才译
390	1947.11	抗日游击战争的一般问题	毛泽东	初版	★★★★	抗日战争丛书之一
391	1947.11	捽龙王	王铁	初版	★★★	
392	1947.11	纠纷	菡子	初版	★★★	
393	1947.11	卜掌村演义（鼓词）	李季	初版	★★★	
394	1947.11	文化翻身的故事	阎吾等	初版	★★★	通俗文艺丛书
395	1947.11	斯大林传略	米丁等	初版	★★	唯真译
396	1947.11	朱富胜翻身（鼓词）	王希坚	初版	★★★	通俗文艺丛书
397	1947.11	煤窑起义	申田	初版	★★★	通俗文艺丛书

序号	发行时间	书　名	著者	版别	市场稀缺度	备　注
398	1947.11	动员起来(话剧)	集体创作	初版	★★★	
399	1947.11	火牛阵	陶纯	初版	★★★	
400	1947.11	刘志丹的故事	董均伦	初版	★★★	通俗文艺丛书
401	1947.11	整风文献	解放社	再版	★★★	烫金精装
402	1947.11	列宁文选(第一辑)	列宁	初版	★★★	
403	1947.11	思想方法论	艾思奇	再版	★★★	
404	1947.11	世界反法西斯战争文献初编	马皓、智建中	初版	★★★	
405	1947.11	一家人(鼓词)	孔厥词 张鲁曲	初版	★★★	
406	1947.11	黄河大合唱		初版	★★★	
407	1947.11	吕梁英雄传	马烽、西戎	初版	★★★	
408	1947.11	政治经济学	列昂节夫	初版	★★★	
409	1947.11	中国近代史讲话	韩启晨	再版	★★★	
410	1947.11	青年文娱手册(第一辑)		初版	★★★	
411	1947.11	中国巨大变化的一年(1946.7-1947.6)	东北日报社	初版	★★★	
412	1947.11	解放区妇女翻身运动	东北书店	再版	★★★	
413	1947.11	怎样写新闻通讯	金照	再版	★★	
414	1947.11	列宁的正义		初版	★★	曹靖华译
415	1947.11	为民除害(连环画)	东北画报社编	初版	★★★★★	
416	1947.11	社会科学概论	社会科学研究会	初版	★★	
417	1947.11	中国政治简史	中国历史研究会	初版	★★	
418	1947.11	中国通史简编(中篇)	军政大学	初版	★★	中国历史研究会
419	1947.11	近代史教程(一分册)	苏联科学院历史院	初版	★★	
420	1947.11	马克思主义与民族问题	斯大林	初版	★★	
421	1947.11	思想方法与学习方法	薛暮桥	初版	★★	
422	1947.11	苏联新五年计划	东北书店编	初版	★★	

序号	发行时间	书　　名	著者	版别	市场稀缺度	备注
423	1947.11	妇女运动文献	罗琼	初版	★★★	
424	1947.11	苏联的家庭婚姻与母性	斯维得洛夫	初版	★★	张亦名译
425	1947.11	俄罗斯名将传	奥西波夫等	初版	★	
426	1947.11	列宁的母亲	高福纳托兰	初版	★★	
427	1947.11	民权村小学介绍	东北教育委员会编	初版	★★	
428	1947.11	美国是什么样的国家	张松如	初版	★★	
429	1947.11	最近一年间的国际动态	东北日报社	初版	★★	
430	1947.11	人间	高尔基	初版	★★★	适夷译
431	1947.11	新波兰游记	斯特朗	初版	★★	李亚译
432	1947.11	哥尼斯堡之陷落	魏里奇科	初版	★★	戈宝权译
433	1947.11	歌唱南泥湾	师甲平	初版	★★★	
434	1947.11	吴满有(诗)	艾青	初版	★★★	
435	1947.11	屠刀下(话剧)	那沙	初版	★★★	
436	1947.11	李国瑞(话剧)	杜烽	初版	★★★	
437	1947.11	劳军(秧歌剧)	王家乙	初版	★★★	
438	1947.11	秧歌剧选集(二集)	张庚	初版	★★★	
439	1947.11	白毛女(五幕新歌剧)	贺敬之、丁毅等	初版	★★★	
440	1947.11	解放区农村剧团创作选集	东北书店	初版	★★★	
441	1947.11	陕北秧歌剧选	苏一平等	初版	★★★★	
442	1947.11	俄国问题(话剧)	西蒙诺夫	初版	★★★	英文研究会译
443	1947.11	青年文娱手册(歌本)	东北大学学生会	初版	★★★	
444	1947.11	滨蒲战役		初版	★★★	
445	1947.11	怎样写美术字	刘志忠 郭波微	初版	★★★	
446	1947.11	在人山中	戴夫	初版	★★	
447	1947.11	英雄的记录	刘白羽	初版	★★★	

序号	发行时间	书　　名	著 者	版别	市场稀缺度	备 注
448	1947.11	农村调查	毛泽东	初版	★★	154 页 32 开
449	1947.11	论持久战	毛泽东	再版	★★★	101 页 32 开
450	1947.11	知识分子的任务与出路	于毅夫	初版	★★	青年知识丛书
451	1947.11	湖南农民运动考察报告	毛泽东	再版	★★★	36 页 32 开
452	1947.12	论党		初版	★★★	
453	1947.12	论共产党员修养	刘少奇	初版	★★★	
454	1947.12	中共七大文献		初版	★★★	
455	1947.12	中国人民解放军宣言与中国土地法大纲	东北书店	初版	★★★	
456	1947.12	民歌歌谣选集	李石涵	初版	★★★	
457	1947.12	杨桂香鼓词		初版	★★★	
458	1947.12	中国问题讲话		初版	★	
459	1947.12	美帝国主义简编		初版	★	
460	1947.12	日本强盗的法律		初版	★	
461	1947.12	民族气节女英雄——杨怀英(鼓词)	王树萍	翻版	★★★	
462	1947.12	青年近卫军		初版	★★★★	
463	1947.12	骆驼祥子		初版	★★★	
464	1947.12	民兵战斗故事		初版	★★★	
465	1947.12	母亲和青年的子弟兵		初版	★★★	
466	1947.12	李常胜捉俘虏(剧本)	歌焚	初版	★★★	
467	1947.12	军民一家(剧本)		初版	★★★	
468	1947.12	晴天传(说唱本)		初版	★★★	
469	1947.12	地主血腥发家史(话剧)	东北书店	初版	★★★	
470	1947.12	从“七七”到“八一五”	东北大学图书资料室	再版	★★★	
471	1947.12	中国政治思想史(二分册)	吕振羽	初版	★★	
472	1947.12	什么是列宁主义	文维城	初版	★★	

序号	发行时间	书　　名	著者	版别	市场稀缺度	备　注
473	1947.12	青年复仇记		初版	★★★	禺卿译
474	1947.12	目前教育指针	政委会编	初版	★★★	东北教育丛书之一
475	1947.12	改造思想的典型报告		初版	★★★	东北教育丛书之二
476	1947.12	毛泽东的青年时代	萧三	初版	★★★	
477	1947.12	光荣属于勇士	华山	初版	★★★	
478	1947.12	冬学手册	东北教育委员会编	初版	★★★	
479	1947.12	冬学政治课本	东北教育委员会编	初版	★★★	
480	1947.12	绘图新庄农杂字	东北政委会教育部编	初版	★★★	
481	1947.12	中国近代史(上编一分册)	范文澜	初版	★★	
482	1947.12	苏联的集体农场	卡尔滨斯基	初版	★★	焦敏之译
483	1947.12	新年乐(秧歌剧)		初版	★★★	
484	1947.12	汉奸刽子手曾国藩的一生	范文澜	初版	★★★	
485	1947.12	青年歌声(一)	民青总部编	初版	★★★	
486	1947.12	微笑	达列基	初版	★★	罗焚译
487	1947.12	拥爱模范	山东军区政宣部	初版	★★	
488	1947.12	官逼民反(平剧)	钟纪明等	初版	★★★	
489	1947.12	刘家胜打地堡		初版	★★★	
490	1947.12	组字画		初版	★★★	
491	1947.12	毛泽东传	史诺	初版	★★★★★	汪衡译
492	1947.12	杨清法(诗)	遇明等	初版	★★★	
493	1947.12	日日夜夜	西蒙诺夫	初版	★★★	通俗本
494	1947.12	列宁的童年	月列琴尼科夫	初版	★★	金人译
495	1947.12	万事不求神	王希坚	再版	★★	
496	1947.12	窃国大盗袁世凯	陈伯达	再版	★★★	
497	1947.12	辩证唯物主义和历史唯物主义	东北书店	初版	★★	

序号	发行时间	书　　名	著者	版别	市场稀缺度	备　注
498	1948.1	一九四八年农历	东北书店	初版	★★	
499	1948.1	一九四八年手册	东北书店	初版	★★★	
500	1948.1	一九四八年日历	东北书店	初版	★★★★	
501	1948.1	一九四八年台历	东北书店	初版	★★★★	
502	1948.1	财经建设		初版	★★	
503	1948.1	受苦人翻身大联唱	骆文词 程之曲	初版	★★★	
504	1948.1	平分土地文献	东北日报社	初版	★★★	
505	1948.1	群众工作手册(十一辑)	东北日报社	初版	★★★	
506	1948.1	群众工作手册(十二辑)	东北日报社	初版	★★★	
507	1948.1	皖南突围记	殷扬	初版	★★★	
508	1948.1	蒋管区真相(第三集)	东北日报社编	初版	★★★	
509	1948.1	老雇农杨树山平鹰愤（鼓词）	大成等	初版	★★★	
510	1948.1	东北地主富农研究	李尔重、富振声	初版	★★★	
511	1948.1	抓壮丁(话剧)		初版	★★★	
512	1948.1	马恩列斯毛论农民土地问题	东北书店	初版	★★★	
513	1948.1	现中国的两种社会	东北军政大学政治部	初版	★★	
514	1948.1	通讯员手册(第一辑)	东北书店	初版	★★★	
515	1948.1	群众工作手册(十三辑)	东北日报社	初版	★★★	
516	1948.1	苏维埃人群像	铁霍诺夫	初版	★★	苏联文学丛书
517	1948.1	群众工作手册(十四辑)	东北日报社	初版	★★★	
518	1948.1	血泪仇(秦腔剧)	马健翎	再版	★★★	
519	1948.1	皇甫其建(鼓词)	王乃堂	初版	★★★	通俗文艺丛书
520	1948.1	小二黑结婚(鼓词)		初版	★★★	
521	1948.1	小英雄	左林	初版	★★★	
522	1948.1	把秧歌舞扭到上海去	苏苏	初版	★★★	

序号	发行时间	书　　名	著　者	版别	市场稀缺度	备　注
523	1948.1	挖穷根	胡玉亭、关守耀	初版	★★★	秧歌剧
524	1948.1	中国新型女英雄	孔厥	初版	★★	
525	1948.1	伊凡·尼古林俄罗斯的水兵	梭罗维约夫	初版	★★	
526	1948.1	目前形势和我们的任务	毛泽东	初版	★★★	21 页 32 开
527	1948.1	群众工作手册(十辑)	东北日报社	初版	★★★	
528	1948.1	狼牙山五壮士(木刻)	华山文 彦涵木刻	初版	★★★★	东北画报社丛书之一
529	1948.1	小五的故事(连环画)	苏晖	初版	★★★★★	通俗美术小丛书
530	1948.1	换枪(连环画)	马骥	初版	★★★★★	通俗美术小丛书
531	1948.2	兵士兼统帅	皮加列夫	初版	★★	
532	1948.2	抓地主(连环画)	安林	初版	★★★★★	通俗小美术丛书之九
533	1948.2	人民歌集(二)	人民音乐社	初版	★★★★	
534	1948.2	一朵红花(秧歌剧)		初版	★★★	通俗文艺丛书
535	1948.2	保江山	颜一烟	初版	★★★	通俗文艺丛书
536	1948.2	从“七七”到“八一五”	东北大学图书资料室	三版	★★★	
537	1948.2	逼上梁山(平剧)	延安平剧研究会	再版	★★★	
538	1948.2	三打祝家庄(二)	延安平剧研究会	初版	★★★	
539	1948.2	文章选读	东北大学编	初版	★★★	
540	1948.2	论忠诚与老实	斯列波夫等	初版	★★	
541	1948.2	贫雇农路线		初版	★★	齐生泽
542	1948.2	杨勇立功	白桦	初版	★★★	
543	1948.2	地主翻把血的教训	井岩盾	初版	★★	
544	1948.3	农村调查	毛泽东	再版	★★★★	172 页 32 开
545	1948.3	平分土地运动中的几个问题		初版	★★★	
546	1948.3	农民文化课本		初版	★★★	
547	1948.3	大众化编写工作	宫达非	再版	★★	

序号	发行时间	书　　名	著 者	版别	市场稀缺度	备 注
548	1948.3	甲申三百年祭	郭沫若	初版	★★★	
549	1948.3	1948 年的时事漫画	华君武	初版	★★★★★	
550	1948.3	日丹诺夫同志关于西方哲学史发言	日丹诺夫	初版	★★	立三译
551	1948.3	三十年的苏联	东北书店	初版	★	
552	1948.3	花鼓(秧歌剧)	王卓等	初版	★★★	
553	1948.3	翻身农村风光好	金汤	初版	★★★	
554	1948.3	一个农民真实的故事	严文井	再版	★★★	通俗文艺丛书
555	1948.3	不学文化能成吗(连环画)	彦涵	初版	★★★★★	
556	1948.3	民兵的故事(连环画)	彦涵	初版	★★★★★	东北画报社丛书之四
557	1948.3	戎冠秀(连环画)	田间诗	初版	★★★★★	娄霜木刻
558	1948.3	中共中央关于老区、半老区进行土地改革与整党工作的指示		初版	★★	
559	1948.3	中国革命和中国共产党	毛泽东	3 版	★★★	29 页 32 开
560	1948.3	论思想意识	东北书店编	初版	★★★	整党参考材料
561	1948.3	太平天国革命运动	范文澜	初版	★★	
562	1948.3	蒋管区农村实录	芷石	初版	★★★	
563	1948.3	新生的内蒙	东北书店	初版	★	
564	1948.3	夏红秋	范政	初版	★★★★	
565	1948.3	恐惧与无畏	别克	初版	★★	愚卿译
566	1948.3	十八勇士	白刃	初版	★★★	梁坤生插图
567	1948.3	瞎月工伸冤记	井岩盾	初版	★★★	
568	1948.3	青年歌声(第二辑)	民青总部	初版	★★★	
569	1948.3	漫画选辑	朱丹、张仃等作	初版	★★★★★	
570	1948.3	土地(连环画)一辑	邵宇	初版	★★★★★	东北画报丛书社
571	1948.3	土地(连环画)二辑	邵宇	初版	★★★★★	
572	1948.3	保饭碗	委万	初版	★★★	通俗文艺丛书

序号	发行时间	书　　名	著 者	版别	市场稀缺度	备 注
573	1948.3	马恩列斯毛论农民土地问题	东北书店	再版	★★★	
574	1948.3	社会发展史略	东北书店	初版	★★	
575	1948.3	诺尔曼·白求恩	周而复	再版	★★★	
576	1948.3	民间音乐论文集(第二辑)	中国民间音乐研究会	再版	★★★★	民间文艺丛书之二
577	1948.3	论忠诚与老实		再版	★★★	
578	1948.3	如此“正统军”	东北文工团编	再版	★★★	新演剧丛书之十二
579	1948.3	消灭于廷洲(连环画)	王曼硕	初版	★★★★★	通俗文艺小丛书
580	1948.3	曹文选(连环画)	江有生	初版	★★★★★	通俗文艺小丛书
581	1948.3	于廷洲罪恶史(连环画)	王曼硕	初版	★★★★★	通俗文艺小丛书
582	1948.3	特等劳动英雄(连环画)	田野	初版	★★★★★	通俗文艺小丛书
583	1948.3	帮助人民翻身(连环画)	陈兴华	初版	★★★★★	通俗文艺小丛书
584	1948.3	捉坏蛋(连环画)	王曼硕	初版	★★★★★	
585	1948.3	职工运动文献(一辑)		初版	★★	
586	1948.3	五月纪念日介绍(简史)	长明	再版	★★	
587	1948.3	目前形势和我们的任务	毛泽东	再版	★★★	20 页 32 开
588	1948.3	从“七七”到“八一五”(增订版)	李石涵	增订三版	★★★	
589	1948.3	列宁的故事	考瑙瑙夫	初版	★★	愚卿译
590	1948.3	共产党课本	东北局宣传部	初版	★★★	
591	1948.3	揭露历史捏造者	东北局宣传部	初版	★★★	
592	1948.4	毛泽东的青年时代	萧三	三版	★★★	
593	1948.4	论思想意识	东北书店编	再版	★★★	整党参考材料
594	1948.4	老母鸡(秧歌剧)	高昆、白人等	初版	★★★	
595	1948.4	老姜头翻身(民歌)	刘林	初版	★★★	
596	1948.4	翻身歌唱(落子)	金汤	初版	★★★	
597	1948.4	怎样分析阶级		初版	★★	

序号	发行时间	书　　名	著 者	版别	市场稀缺度	备 注
598	1948.4	致顾格曼博士书信集	马克思	初版	★★★	
599	1948.4	中国革命和中国共产党	毛泽东	四版	★★★	
600	1948.4	目前形势和我们的任务	毛泽东	三版	★★★★	5 页 32 开
601	1948.5	在晋绥干部会议上的讲话	毛泽东	再版	★★★	
602	1948.5	暴风骤雨(上)	周立波	初版	★★★★	古元画
603	1948.5	政治委员	刘白羽	初版	★★★	新文艺小丛书
604	1948.5	新炮手	周洁夫	初版	★★★	新文艺小丛书
605	1948.5	人民解放军歌集(第一辑)	部队文艺社	初版	★★★	
606	1948.5	栓柱(儿童读物)	胡朋	初版	★★	
607	1948.5	打完老蒋再回家(大鼓)	刘林	初版	★★★	
608	1948.5	克拉夫成果将军	罗印弗里德	初版	★	
609	1948.5	人民不死	葛洛斯曼	初版	★	林陵译
610	1948.5	森林之家	渥隆哥娃	初版	★	付克译
611	1948.5	李闯王(话剧)	阿英	初版	★★★	
612	1948.5	王家大院(话剧)	合江鲁艺集体	初版	★★★★	白韦、谭亿记录
613	1948.5	永安屯翻身(秧歌剧)	合江鲁艺集体	初版	★★★★	
614	1948.5	老耿赶队(秧歌剧)	平章、景兰等	初版	★★★	
615	1948.5	生产小组长(歌剧)	刘林	初版	★★★	
616	1948.5	担架队员老杨(连环画)	施展等	初版	★★★★	通俗美术小丛书
617	1948.5	改造二混子(连环画)	王曼硕	初版	★★★★★	通俗美术小丛书
618	1948.5	擦干眼泪复仇	西虹等	初版	★★★	
619	1948.5	从诉苦到复仇	哈欣农等	初版	★★★	
620	1948.5	毛泽东选集(1–6)	毛泽东	初版	★★★★	东北书店选编
621	1948.5	大胆公开的批评		初版	★★	竹马等译

序号	发行时间	书　　名	著 者	版别	市场稀缺度	备 注
622	1948.5	苏沃洛夫元帅传	奥西波夫	初版	★★	黄远译
623	1948.5	由奴隶到英雄	胡宗锷等	初版	★★★	
624	1948.5	如此将军(摄影集)	未冉	初版	★★★	
625	1948.5	新儿童歌集	东北儿童社	初版	★★★	
626	1948.5	十万个为什么	伊林	再版	★★	董纯才译
627	1948.6	目前党的政策汇编（第二辑）	东北书店	初版	★★★	
628	1948.6	五四运动与知识青年	章炼烽	初版	★★★	
629	1948.6	如何才能增长粮食	松江省政府建设厅	初版	★★	
630	1948.6	知识分子的任务与出路	于毅夫	三版	★★	
631	1948.6	病虫害的预防和扑灭	松江省政府建设厅	初版	★★	生产小丛书
632	1948.6	农业耕作方法计算问题	松江省政府建设厅	初版	★★	生产小丛书
633	1948.6	肥料	松江省政府建设厅	初版	★★	生产小丛书
634	1948.6	选种	松江省政府建设厅	初版	★★	生产小丛书
635	1948.6	耕作方法的研究	松江省政府建设厅	初版	★★	生产小丛书
636	1948.6	三秃的冤仇	白刃	初版	★★★	
637	1948.6	闯王进京(平剧)	马少波	初版	★★★	
638	1948.6	安家生产(秧歌剧)	刘莎著 邓止怡曲	初版	★★★	
639	1948.6	参军(演唱)	刘伯忠著 邓止怡曲	初版	★★★	
640	1948.6	狐群狗党现形记	东北书店	初版	★★★	
641	1948.6	中国巨大变化的一年(1946.7–1947.6)	东北书店	再版	★★★	
642	1948.6	鼓风炉旁四十年	柯鲁包夫	再版	★★	曼斯译
643	1948.6	青年歌声(第一集)	东北民主青年联盟总部	四版	★★	民青丛书
644	1948.6	火(歌剧)	胡零编剧 刘炽作曲	初版	★★★	
645	1948.6	工人的旗帜赵占魁	李衍白	初版	★★	
646	1948.6	时论选辑(1947.7–12)	东北书店	初版	★★★	

序号	发行时间	书名	著者	版别	市场稀缺度	备注
647	1948.6	整风文献（订正本）	解放社	五版	★★★	
648	1948.6	一个农民的真实故事	严文井	再版	★★★	通俗文艺丛书
649	1948.6	长征故事	东北书店	初版	★★★	
650	1948.7	职工运动文献（二辑）	东北书店	初版	★★	
651	1948.7	无敌三勇士	刘白羽	初版	★★★	雨野插图画
652	1948.7	南征北战的英雄司汉民同志	伍延秀	初版	★★★	新文艺小丛书之三
653	1948.7	中国民歌选（一辑）	东北书店	初版	★★★	
654	1948.7	一个裁缝之死（歌剧）	地子	初版	★★★	
655	1948.7	夜探阎王殿（秧歌剧）	唱若曾	初版	★★★	
656	1948.7	陈德山摸底（二人转）	鲁亚农	初版	★★★★	
657	1948.7	九国共产党情报局文献	东北局宣传部	初版	★★	
658	1948.7	论自我批评	叶群等译	初版	★★	整党参考材料之三
659	1948.7	群众工作手册（十五辑）	东北日报社	初版	★★★	
660	1948.7	论苏联文学的高度思想原则	法捷耶夫	初版	★	伊真译
661	1948.8	黄河西岸的鹰形地带	侯唯动	初版	★★★	
662	1948.8	人民公敌蒋介石	陈伯达	初版	★★	
663	1948.8	共产主义常识	东北书店	再版	★★	
664	1948.8	中共中央关于南斯拉夫共产党问题的决议	东北书店	初版	★★	
665	1948.8	中国共产党章教材	东北局宣传部	初版	★★★	
666	1948.8	政策指示汇集（第二辑）	东北书店	初版	★★★★	
667	1948.8	中国现代革命运动史	中国现代史研究委员会编	初版	★★★	
668	1948.8	农谚		初版	★★★	
669	1948.8	海上述林	鲁迅编	初版	★★★	瞿秋白译
670	1948.8	军爱民、民拥军	西虹	三版	★★★	东北文艺工作第二团话剧音乐选辑之三 止怡改编

序号	发行时间	书名	著者	版别	市场稀缺度	备注
671	1948.8	中国通史简编(上册)	中国历史研究会	再版	★★★	
672	1948.8	中国通史简编(中册)	中国历史研究会	再版	★★★	
673	1948.8	中国共产党章教材	东北局宣传部	翻版	★★★	
674	1948.8	生与死(小说)	郭尔巴托夫	初版	★★	
675	1948.8	向银宝(儿童读物)	军右	初版	★★	
676	1948.8	成电路		初版	★★★	
677	1948.8	斯大林传略	莫斯科马恩列学院	初版	★★	
678	1948.8	实用大众字典	张雁	初版	★★★	
679	1948.8	庄稼人翻身(摄影集)	东北画报社	初版	★★★	
680	1948.8	四平攻坚战(照片)	何慧	初版	★★★	
681	1948.8	独胆英雄	西野、古元	初版	★★★★★	
682	1948.8	无坚不摧(连环画)	施展、安林	初版	★★★★★	
683	1948.8	人民解放战争两周年的总结和第三年的任务	东北书店	初版	★★	
684	1948.8	中国革命与中国共产党	毛泽东	三版	★★	
685	1948.8	修养指南(三版)	刘少奇	初版	★★★	青年修养丛书之一
686	1948.8	拥护共产党		初版	★★★	
687	1948.8	伊凡·尼古林俄罗斯的水兵	梭维约夫	再版	★★	苏联文学丛书
688	1948.8	历史的伪造者	伊真译	初版	★★	
689	1948.8	智勇双全(连环画)	陈兴华	初版	★★★★★	
690	1948.8	列宁主义问题	斯大林	再版	★★	
691	1948.8	乱弹及其他	瞿秋白	初版	★★★	
692	1948.8	反对经验主义	艾思奇	初版	★★	
693	1948.8	美帝扶日真相	东北书店	初版	★★★	
694	1948.8	从历史上看苏美对华政策		初版	★★	
695	1948.8	中国革命战争的战略问题	毛泽东	初版	★★★	70 页 32 开

序号	发行时间	书　　名	著　者	版别	市场稀缺度	备　注
696	1948.8	列宁论苏维埃机关人员	东北书店编	初版	★★	
697	1948.8	应如何工作		初版	★★	
698	1948.8	湖南农民运动考察报告	毛泽东	三版	★★★	
699	1948.9	干部学习材料(三个文件)	艾思奇等	初版	★★★	
700	1948.9	社会科学概论	社会科学研究会	三版	★★	
701	1948.10	思想方法论	马恩列斯	再版	★★★	
702	1948.10	唯物论与经验批判论	列宁	初版	★★	曹葆华译 博古校
703	1948.10	原动力(创作)	草明	初版	★★	
704	1948.10	高祥	方青	初版	★★	
705	1948.10	团队之子(话剧)	卡达耶夫	初版	★	茅盾译
706	1948.10	李有才板话鼓词	胡青	初版	★★★	
707	1948.10	小小故事(插图本)	董均伦	初版	★★★	沃渣插图
708	1948.10	半湾镰刀(插图本)	董均伦	初版	★★	
709	1948.10	关于修改党章的报告	刘少奇	翻版	★★★	
710	1948.10	人民的大学	华北联合大学	初版	★★★	
711	1948.10	我们的春天	爱伦堡	初版	★★	
712	1948.10	攻无不克	东北日报副刊部	初版	★★	
713	1948.10	大时代插曲	白刃	初版	★★★	
714	1948.10	取长补短(话剧)	孙芋	初版	★★★	
715	1948.10	阵地(话剧)	黎阳	初版	★★★	
716	1948.10	陈树元挂奖章(剧本)	张绍杰	初版	★★★	
717	1948.10	谁养活谁(秧歌剧)	宋兴中	初版	★★★	
718	1948.10	我们的医院(小歌舞剧)	雪立	初版	★★★	
719	1948.10	挖苦根(演唱)	白桦	初版	★★★	
720	1948.10	工人歌集(一集)		初版	★★★★	

序号	发行时间	书　　名	著 者	版别	市场稀缺度	备 注
721	1948.10	论联合政府	毛泽东	再版	★★★	
722	1948.10	十万个为什么?	伊林	三版	★★	董纯才译
723	1948.10	列宁的母亲	高福纳托尔	再版	★	
724	1948.10	目前形势和我们的任务	毛泽东	初版	★★★	118页32开
725	1948.10	湖南农民运动考察报告	毛泽东	再版	★★★	
726	1948.10	人民歌集(二集)	人民音乐社	再版	★★★★	
727	1948.10	一支胳膊的孩子	兰柯等	初版	★★★	
728	1948.10	人民的好儿子	吴苏等	初版	★★★	
729	1948.10	中国共产党党章教材	东北书店	三版	★★★	
730	1948.10	空气的海洋	特捷尔捷也夫斯基	初版	★★	通俗科学读物
731	1948.10	中国共产党党章教材	东北书店	辽北初版	★★★	
732	1948.10	什么是共产党		辽北初版	★★★	
733	1948.10	水	陈大年	再版	★★	
734	1948.10	新民主主义论	毛泽东	再版	★★	
735	1948.10	中国新型女英雄	孔厥	再版	★★	
736	1948.10	窃国大盗袁世凯	陈伯达	再版	★★	
737	1948.10	刘志丹	董均伦	初版	★★★	
738	1948.10	印度问题	英文研究会	初版	★★	
739	1948.10	英雄小好汉	范政	初版	★★	儿童抗战故事
740	1948.10	中国共产党党章教材	东北宣传部	六版	★★★	
741	1948.10	整风文献(订正本)	解放社	六版	★★★	
742	1948.10	反对经验主义	艾思奇	再版	★★	
743	1948.10	共产主义常识	东北书店	再版	★★	
744	1948.10	社会科学概论(增订本)	社会科学研究会	再版	★★	

序号	发行时间	书　　名	著 者	版别	市场稀缺度	备 注
745	1948.10	政治经济学	列昂节夫	再版	★★	
746	1948.10	翻身歌唱(民歌)	金汤	再版	★★★	
747	1948.10	李二小参军(连环画)		再版	★★★★	
748	1948.10	在延安文艺座谈会上的讲话	毛泽东	再版	★★★	37 页 32 开
749	1948.10	喜报	鲁亚农	再版	★★★	
750	1948.10	人民解放军歌集(一集)	部队文艺社	再版	★★	
751	1948.10	绘图新庄农杂字	东北政委会教育部编	四版	★★	冬学夜校自学适用
752	1948.10	俄罗斯的水兵	伊凡尼古林	初版	★★	
753	1948.10	城市政策汇编	东北书店	初版	★★★	
754	1948.11	劳动英雄刘英源(大鼓)	刘林	初版	★★★	
755	1948.11	建党手册(第一辑)	东北书店	初版	★★★	
756	1948.11	土地改革工作指南		初版	★★★	
757	1948.11	城市工作指南(一辑)		初版	★★★	
758	1948.11	马克思恩格斯与马克思主义	列宁	初版	★★	柯柏年等译
759	1948.11	新民主主义论	毛泽东	五版	★★★	80 页 30 开
760	1948.11	近代世界革命史话	陈兴祖	再版	★★	
761	1948.11	国家与革命	列宁	再版	★★★	
762	1948.11	美国是什么样的国家	张松如	增订新版	★★	
763	1948.11	斯大林论工业生产中的几个问题	斯大林	初版	★★	
764	1948.11	半年来的国内形势(1948.1–6)	东北日报社	初版	★★★	
765	1948.11	职工运动参考材料		初版	★★★	
766	1948.11	好班子(广场歌剧)	丁洪	初版	★★★	剧本
767	1948.11	立功	武照堤	初版	★★★	
768	1948.11	荣誉(歌舞剧)	雪立等	初版	★★★	
769	1948.11	不信运气(快板)	始流	初版	★★★	

序号	发行时间	书　名	著 者	版别	市场稀缺度	备 注
770	1948.11	三担水（歌剧）	丁洪	初版	★★	一鸣作曲
771	1948.11	艺用人体解剖简明图	王曼硕	初版	★★★★	
772	1948.11	进一步提高党的工作水准		初版	★★	
773	1948.11	南共领导脱离了马列主义关于阶级与阶级斗争的理论		初版	★	
774	1948.11	列宁主义基础		初版	★	
775	1948.11	论军队纪律		初版	★★	
776	1948.11	瞎月工伸冤记	井岩盾	再版	★★★	
777	1948.11	怎样过民主生活	贾生旅	初版	★★	青年知识丛书之二
778	1948.11	简易国语文法十四讲	余白金	初版	★★	青年知识丛书之三
779	1948.11	天空的秘密	坚白	初版	★	青年知识丛书之四
780	1948.11	可怕的鼠疫		初版	★★	卫生小丛书
781	1948.11	鲁迅思想研究	何干之	再版	★★★	
782	1948.11	苏联的集体农场	卡尔宾斯基	再版	★	
783	1948.11	夏天的传染病		初版	★★	
784	1948.11	危险的猩红热		初版	★★	
785	1948.11	春秋的传染病		初版	★★	
786	1948.11	三个窝子病		初版	★★	
787	1948.11	防空救急法		初版	★★	
788	1948.11	集体游划	何慧	初版	★★	
789	1948.11	东欧新民主国家	英文研究会	初版	★	国际译丛东欧介绍之一
790	1948.11	全世界革命力量团结起来反对帝国主义的侵略	毛泽东	初版	★★★	8 页 32 开
791	1948.11	地球上生命的发生	奥巴林	初版	★	毅风译
792	1948.11	论国际主义与民族主义	刘少奇	初版	★★	
793	1948.11	陕北风光	丁玲	初版	★★★	文学战线创作丛书之一

序号	发行时间	书　　名	著 者	版别	市场稀缺度	备 注
794	1948.11	煤	李纳	初版	★★★	新文艺界小丛书之四
795	1948.11	阶级的硬骨头	宋训今	初版	★★★	
796	1948.11	战时苏联游记	史诺	再版	★★	孙承佩译
797	1948.11	凤蝶外传	董纯才	三版	★★★	科学小品集
798	1948.11	斯大林格勒血战记	恩·维尔塔	初版	★★★	金人译 文学电影剧本
799	1948.11	妻	卡达耶夫	再版	★★	朱葆华译
800	1948.11	农民文化课本(第一册)	松江省委宣传部	初版	★★★	
801	1948.11	农民文化课本(第二册)	松江省委宣传部	初版	★★★	
802	1948.11	为谁打天下(歌剧)	军大宣传队	初版	★★★	
803	1948.11	九件衣(平剧)	崔牧	初版	★★★	
804	1948.11	鲁迅论美术	张望	初版	★★★★	
805	1948.12	远方	盖达尔		★★	曹靖华、佩秋合译
806	1948.12	为人民立功	王向立	初版	★★★	
807	1948.12	几点钟	伊林	初版	★★	董纯才译
808	1948.12	“一二一”、“一二九”学生运动资料特辑	哈市团部编	初版	★★★★	
809	1948.12	在零下四十度	西虹	初版	★★	文学战线创作丛书
810	1948.12	我们的连队	西虹	初版	★★	
811	1948.12	国际知识读本	马皓	初版	★★	
812	1948.12	中国法西斯特务真相		初版	★★★	
813	1948.12	中国共产党党章教材	东北局宣传部	六版	★★★	
814	1948.12	近代世界革命史话	陈光祖	再版	★★	
815	1948.12	土地改革中的几个问题		初版	★★★	
816	1948.12	十月革命的世界意义	东北书店	初版	★	
817	1948.12	日丹诺夫关于西方哲学史的发言	日丹诺夫	再版	★★	伊真译

序号	发行时间	书　名	著　者	版别	市场稀缺度	备　注
818	1948.12	太平天国革命运动	范文澜	再版	★★★	
819	1948.12	从猿到人		初版	★★	
820	1948.12	苏联的法院	高里亚柯夫	出版	★	张君悌译
821	1948.12	文艺论文集		初版	★★★	
822	1948.12	参军真光荣		初版	★★★	
823	1948.12	论领导方法	东北书店	再版	★★	
824	1948.12	生产小组长		初版	★★	
825	1948.12	荣誉		初版	★★★	
826	1948.12	框中人(剧本)		初版	★★★	
827	1948.12	帮助人民翻身(连环画)		初版	★★★★★	
828	1948.12	红领巾(剧本)		初版	★★★	
829	1948.12	毛泽东的故事	萧三	三版	★★★	
830	1948.12	新人生观	俞铭璜	六版	★★★	
831	1948.12	社会发展简史	解放社编	四版	★★	何锡麟译
832	1948.12	社会科学概论	社会科学研究室	三版	★★	
833	1948.12	从“九一八”到“七七”	东北大学图书资料室	三版	★★	
834	1948.12	先有天？先有地？	彭庆昭	再版	★★	
835	1948.12	整风文献	解放社	六版	★★★	订正本
836	1948.12	解放区普通教育的改革问题	新教育会编	再版	★★★	新教育丛书之一
837	1948.12	人民解放战争两周年的总结和第三年的任务	东北书店	再版	★	
838	1948.12	表现新的群众的时代	周扬	初版	★★	文艺论文集
839	1948.12	1949 年农历	东北书店	初版	★★★★	
840	1948.12	1949 年台历	东北书店	初版	★★	
841	1948.12	1949 年日历	东北书店	初版	★★	
842	1948.12	蒋党真相	诩勋	初版	★★★	三十年见闻杂记之一
843	1948.12	向列宁学习工作方法	克鲁普斯卡亚	再版	★★	

序号	发行时间	书　　名	著 者	版别	市场稀缺度	备 注
844	1948.12	人民公敌蒋介石	陈伯达	再版	★★★	
845	1948.12	政治经济学	列昂节夫	再版	★★	
846	1948.12	大时代的插曲	白刃	再版	★★★	
847	1948.12	中国近代史(上编一分册)	范文澜	再版	★★	
848	1948.12	有事和群众商量	陈伯达	初版	★★	
849	1948.12	游美印象记	爱伦堡	初版	★★	丁明节译
850	1949.1	新民主主义论	毛泽东	六版	★★★	80 页 32 开
851	1949.1	城市工作指南(二辑)		初版	★★★	
852	1949.1	重要的问题在于学习	陈伯达	初版	★★	
853	1949.1	新的任务与新的力量		初版	★★	
854	1949.1	爱国主义与国际主义	斯卡特谢科夫	初版	★	叶群等译
855	1949.1	印度问题		初版	★	
856	1949.1	伟大的十月社会主义革命三十一周年纪念	莫洛托夫	初版	★	
857	1949.1	思想方法与学习方法	薛幕桥	再版	★	
858	1949.1	延安一学校	程今吾	初版	★★	
859	1949.1	目前教育指南(第六集)	政委会教委会	初版	★★	
860	1949.1	简谱教程		初版	★★★	
861	1949.1	不夜天	伊林	初版	★★	董纯才译
862	1949.1	雪山草地行军记	杨定华	初版	★★★	
863	1949.1	老战士	周洁夫	初版	★★	
864	1949.1	斯大林格勒血战记	维尔塔	初版	★★	剧本金人译
865	1949.1	人民城市(歌剧)	陈戈等	初版	★★★	
866	1949.1	合同立功(歌剧)	荒草	初版	★★★	
867	1949.1	一个解放战士(歌剧)	丁毅等	初版	★★★	
868	1949.1	中国革命和中国共产党	毛泽东	再版	★★	30 页 32 开

序号	发行时间	书名	著者	版别	市场稀缺度	备注
869	1949.2	目前形势和我们的任务	毛泽东	再版	★★★	150 页 32 开
870	1949.2	论联合政府	毛泽东	再版	★★★	114 页 32 开
871	1949.2	论联合政府	毛泽东	再版	★★★	58 页 32 开
872	1949.2	鞋(歌剧)	白辛	初版	★★★	
873	1949.2	睡中人	马丹等	初版	★★★	
874	1949.2	在敌人后方		初版	★★★	
875	1949.2	识字课本		初版	★★★	
876	1949.3	将革命进行到底	毛泽东	初版	★★	解放社编
877	1949.3	毛泽东发表时局声明	毛泽东	初版	★★★	
878	1949.3	中共中央委员会关于建立新民主主义青年团的决议		初版	★★★	
879	1949.3	不要打乱原来的企业机构	陈伯达	初版	★★	
880	1949.3	临清事件与国营商业	新华社	初版	★★	社论
881	1949.3	识字手册(三册)		初版	★★★	
882	1949.3	论联合政府	毛泽东	再版	★★★	92 页 32 开
883	1949.4	关于知识分子问题	东北书店	初版	★★	
884	1949.4	关于萧军及其文化报所犯错误的批评	刘芝明	初版	★★★	
885	1949.4	苏联的宪法	东北书店	初版	★★	
886	1949.4	论农民问题		初版	★★★	
887	1949.4	政治经济学论丛	马克思、恩格斯	初版	★★	王学文译
888	1949.4	马克思主义关于阶级与阶级斗争的理论	东北书店	初版	★★	
889	1949.4	生理化学	李震勋	初版	★★★	
890	1949.4	中国学生的当前任务	东北书店	初版	★★★	
891	1949.4	从“九一八”到“七七”	东北图书资料室	再版	★★★	
892	1949.4	没有克服不了的困难	郭更	初版	★★★	
893	1949.4	阶级是什么	蒋仁	初版	★★★	

序号	发行时间	书　　名	著　者	版别	市场稀缺度	备　注
894	1949.4	唯物论与经验批判论	列宁	再版	★★	曹葆华译
895	1949.4	电影编导简论	阮潜	初版	★★★	
896	1949.4	祖国炊烟	西蒙诺夫	初版	★★	高亚天译
897	1949.4	湖南农民运动考察报告	毛泽东	再版	★★★	36页32开
898	1949.4	古元木刻选集	东北画报社	初版	★★★★★	版画丛书之一
899	1949.4	论联合政府	毛泽东	3版	★★★	92页32开
900	1949.4	新民主主义论	毛泽东	再版	★★★	49页32开
901	1949.4	特务邬捷飞及王二捉奸		初版	★★★	
902	1949.4	控诉“记七五惨案”		初版	★★★	
903	1949.4	夫妻谈生产		初版	★★	
904	1949.4	进步乐		初版	★★	
905	1949.4	新民主主义论	毛泽东	再版	★★★	附有“新民主主义的宪政”一文
906	1949.4	国际主义与民族主义	东北书店编	初版	★	
907	1949.4	共产国际第七次大会的总结	曼鲁意斯基	初版	★	
908	1949.4	论列宁与列宁主义	东北书店	初版	★★	
909	1949.4	列宁选集(十六)	列宁	再版	★★★	精装
910	1949.4	封建主义	柯斯明斯基	初版	★	
911	1949.4	论布尔塞维克的原则性	斯列波夫	初版	★	
912	1949.4	企业管理中的一个极其重要的改革	东北书店	初版	★	企业管理参考资料之一
913	1949.4	苏联企业中的劳动英雄主义	苏尔	初版	★	
914	1949.4	掌握布尔塞维克领导经济方法	古萨列夫等	初版	★	
915	1949.4	法西斯德国军事思想与军事	朱布可夫	初版	★	
916	1949.4	学派的破产		初版	★	
917	1949.4	论战略反攻	斯塔林斯基	初版	★	

序号	发行时间	书　　名	著 者	版别	市场稀缺度	备　注
918	1949.4	打倒蒋介石建立新中国	东北书店	初版	★	时事学习材料
919	1949.4	满洲之战	安东诺夫等	初版	★	
920	1949.4	苏联红军三十年	东北书店	初版	★	于静纯等译
921	1949.4	近代史教程	苏联科学院历史所	再版	★★	
922	1949.4	一支运粮队	洪林	初版	★★	
923	1949.4	军中记事	西虹	初版	★★	
924	1949.4	解放区散记	草明	初版	★★	
925	1949.4	铁骨钢筋（钢骨铁筋)(歌剧）	苏里等	初版	★★★	
926	1949.4	春耕互助(秧歌剧）	力鸣	初版	★★★	
927	1949.4	废铁炼成钢(歌剧）	兰澄	初版	★★★	
928	1949.4	担水前后	程思三	初版	★★★	
929	1949.4	倒糊涂	云立	初版	★★★	
930	1949.4	送子入关	朱漪	初版	★★★	
931	1949.4	大家办合作	孙谦	初版	★★★	
932	1949.4	社会主义从空想到科学的发展	恩格斯	再版	★	博古校译
933	1949.4	列宁与文学及其他	舍宾那	初版	★★	陈学昭译
934	1949.4	蒋贼的末日	苏东风	初版	★★★	
935	1949.4	人民公敌蒋介石	陈伯达	再版	★★★	
936	1949.4	中国法西斯特务真相		再版	★★	
937	1949.4	矿山变灾	东北行政委员会工业部	初版	★★	
938	1949.4	新民主主义论	毛泽东	再版	★★★	
939	1949.4	思想方法与学习方法	薛幕桥	再版	★★	
940	1949.4	长征的故事	东北书店	再版	★★★	
941	1949.4	黑白	伊林	初版	★★	董纯才译
942	1949.4	光荣夫妻	左林	初版	★	

序号	发行时间	书名	著者	版别	市场稀缺度	备注
943	1949.4	进军沈阳		初版	★	
944	1949.4	列宁选集(一)	列宁	再版	★★★	
945	1949.4	政治经济学论丛	马克思 恩格斯	初版	★	
946	1949.4	红领巾	米哈尔果夫	初版	★	
947	1949.4	法西斯德国军事思想与军事学派的破产	朱布可夫	初版	★	
948	1949.4	科学与文化为和平民主进步而奋斗	法捷耶夫	初版	★	
949	1949.4	职工运动文献(三)	东北书店	初版	★	
950	1949.4	职工运动文献(四)	东北书店	初版	★	
951	1949.4	一个战士	沙丹	初版	★★	
952	1949.5	中国革命和中国共产党	毛泽东	再版	★★	30页32开
953	1949.5	社会发展史略	解放社编	五版	★	何锡麟译
954	1949.5	战后美国	张一中	初版	★	
955	1949.5	共产主义人生观	东北书店	再版	★★	
956	1949.5	捷克斯拉夫战后工业发展与两年计划	布拉格	初版	★	陈佩明译
957	1949.5	农民的乐园—集体农场	张少甫	初版	★	
958	1949.5	论列斯创造社会主义政治经济学	列昂节夫	初版	★	
959	1949.5	近百年史话	黄祖英	初版	★★	
960	1949.5	中国近代史参考材料(第一册)	杨　松 邓力群	初版	★★	
961	1949.5	列宁生平事业简史	联共(布)中央附设马恩列学院	初版	★★	
962	1949.5	白求恩与阿洛夫	周而复、方纪	初版	★★	
963	1949.5	回忆马克思	拉法格	初版	★	
964	1949.5	中国学生的当前任务	拉发格	初版	★★★	
965	1949.5	青年修养	程今吾	初版	★★	
966	1949.5	火箭炮的历史及前途	古列索夫	初版	★★	

序号	发行时间	书名	著者	版别	市场稀缺度	备注
967	1949.5	实用生理卫生	林英、文彬如	初版	★★	
968	1949.5	怎样向百日咳斗争		初版	★★	
969	1949.5	麻疹		初版	★★	
970	1949.5	东北的地方病		初版	★★	
971	1949.5	编剧知识	贾霁	初版	★★	
972	1949.5	民间艺术和艺人	周扬、萧三	再版	★★★	民间文艺丛书之一
973	1949.5	秧歌剧导演常识	力鸣	初版	★★★	
974	1949.5	动荡的十年	黄皑	初版	★★	
975	1949.5	焕然一新	战青、徐少伯	初版	★★★	戏剧小丛书
976	1949.5	生死斗争	陆地	初版	★★	文学战线创作丛书
977	1949.5	红旗	刘白羽	初版	★★	
978	1949.5	不走正路的安得伦	捏维洛夫	初版	★	曹靖华译 苏联通俗文艺丛书
979	1949.5	诺夫城的神枪手	潘捷列夫	初版	★	
980	1949.5	斯维托夫父子	斯蒂拉·托非摩瓦	初版	★	郑文译
981	1949.5	逃亡者	莱蒙托夫	初版	★	梁启迪译
982	1949.5	最后的渣滓	洪荒	初版	★★	
983	1949.5	秋收歌舞(剧本)	张凡、骆文	初版	★★★	
984	1949.5	新的气象新的生活	刘思议	初版	★★	
985	1949.5	庄稼的祖先	李俊	初版	★★	大众科学丛书
986	1949.5	打虎记	那沙	初版	★★	
987	1949.5	怎样战胜天灾	席风洲	初版	★	
988	1949.5	苦尽甜来	刘艺亭	初版	★	
989	1949.5	胜利年	胥树人	初版	★	
990	1949.5	革命少年之家	范政	初版	★	儿童读物 东北青年丛书之一

序号	发行时间	书　　名	著 者	版别	市场稀缺度	备 注
991	1949.5	拼音课本指导书	张雁	初版	★★★	
992	1949.6	北方话新文字初级讲义	张雁	初版	★★★	
993	1949.6	论新道德	加里宁	初版	★★	
994	1949.6	共产国际纲领		初版	★★	
995	1949.6	哥达纲领批判	马克思	初版	★	马克思丛书之十
996	1949.6	苏俄刑法	张君悌译	初版	★	法学丛书之一
997	1949.6	苏俄刑事诉讼法	张君悌译	初版	★	法学丛书之二
998	1946.6	经济工作手册	东北书店编	初版	★★	
999	1949.6	妈妈同志	管桦	初版	★	
1000	1949.6	中原突围记	徐敏	初版	★★	
1001	1949.6	踏破辽河千里雪	华山	初版	★★★	文学战线丛书
1002	1949.6	列宁与斯大林的故事	东北书店	初版	★★	
1003	1949.6	暴风骤雨(下)	周立波	初版	★★★	
1004	1949.6	基本群众	井岩盾	初版	★★	文学战线丛书
1005	1949.6	灯塔(诗集)	马雅可夫斯基	初版	★★	
1006	1949.6	苏联人(诗集)	亚洛夫	初版	★★	
1007	1949.6	钢铁是怎样炼成的	H·A·奥斯特洛夫斯基	初版	★★★	通俗本 中耀改编
1008	1949.6	如何贯彻东北全党的转变	东北书店	初版	★★★	
1009	1949.6	中国新民主主义青年团工作纲领		初版	★★	
1010	1949.6	任弼时同志在中国新民主主义青年团第一次代表大会上的政治报告	任弼时	初版	★★★	
1011	1949.6	怎样管理工厂	东北总会	初版	★★★	职工丛书之二
1012	1949.6	论职工会	东北总会	初版	★★	
1013	1949.6	关于发展生产劳资两利政策的几点说明	李立三	初版	★★	

序号	发行时间	书　　名	著 者	版别	市场稀缺度	备 注
1014	1949.6	中国新民主主义青年团的任务与工作		初版	★★	
1015	1949.6	社会发展(简)史	解放社	初版	★★	干部必读文件
1016	1949.6	十个歼灭性的突击	查玛金	初版	★★	付克、允携合译
1017	1949.6	东北第一届妇女代表大会会刊		初版	★★★	
1018	1949.6	五四运动与知识分子的出路	陈伯达	初版	★★	
1019	1949.6	燃烧与爆炸	谢妙诺夫	初版	★★	毅风译 通俗科学读物
1020	1949.6	论赵树理的创作	周扬等	初版	★★	
1021	1949.6	中国近代简史	军政大学总政治部	六版	★★	
1022	1949.6	苏联的文学	高尔基	初版	★★	曹葆华译
1023	1949.6	打黄狼	王亚平	初版	★★	
1024	1949.6	民间故事	鲁艺研究室	初版	★★★	
1025	1949.6	战伤治疗技术	白求恩	初版	★★★★	遗作
1026	1949.6	矿山卫生		初版	★★	
1027	1949.6	中国新文字概论	张雁	初版	★★	
1028	1949.6	江山村十日	马加	初版	★★★★	
1029	1949.6	无政府主义还是社会主义?	斯大林	初版	★	曹葆华译
1030	1949.6	列宁论青年的学习问题	列宁	初版	★	
1031	1949.6	动荡的十年		初版	★★	
1032	1949.6	资本论提纲	恩格斯	初版	★★★	何锡麟译马恩丛书之九
1033	1949.6	思想方法论	艾思奇	再版	★★	干部必读文件
1034	1949.6	苏联宪法		初版	★	
1035	1949.6	广场之狮		初版	★	
1036	1949.6	地球上生命的发生	鲁巴林	再版	★	毅风译
1037	1949.6	自然的改造者	沙福诺夫	初版	★	青年知识丛书之六

序号	发行时间	书　　名	著 者	版别	市场稀缺度	备 注
1038	1949.6	中国革命运动史	中国现代史研究会	翻版	★★★	
1039	1949.6	谁劳动是谁的(话剧)	沙丹	初版	★★★	
1040	1949.6	左派幼稚病	列宁	初版	★	干部必读文件
1041	1949.6	什么人应负战争责任?	新华社	初版	★★	
1042	1949.6	金戒指(歌剧)	雪仁	初版	★★★	
1043	1949.6	捉害虫(秧歌剧)	苏东风	初版	★★★	
1044	1949.6	献器材(秧歌剧)	刘相如	初版	★★★	
1045	1949.6	邪不压正		初版	★★★	
1046	1949.6	百战百胜	鲁亚农	初版	★★★	止怡配曲
1047	1949.6	两个血的历史教训	吕永轩	初版	★★	
1048	1949.6	二流子转变	集体创作	初版	★★★	
1049	1949.6	燕子	集体创作	初版	★★	王肯执笔
1050	1949.6	翻天覆地的人		初版	★★	
1051	1949.6	天下无敌		初版	★★	
1052	1949.6	谁害了你		初版	★★	
1053	1949.6	唱劳保		初版	★★	
1054	1949.6	信不得(秧歌剧)	刘相如编剧	初版	★★	于大波等作曲
1055	1949.6	逃亡者	莱蒙托夫	初版	★	梁启迪译
1056	1949.6	仇深似海(平剧)		初版	★★★	
1057	1949.6	盼八路	力鸣	初版	★★★	孙康配曲
1058	1949.6	指挥员在哪里		初版	★★★	
1059	1949.6	金不换		初版	★★★	
1060	1949.6	劳动态度		初版	★★★	
1061	1949.6	农村调查	毛泽东	再版	★★★	172 页 32 开
1062	1949.6	廉颇蔺相如(平剧本)	陈德明	初版	★★★	
1063	1949.6	复仇(歌剧)	胡零编	初版	★★★	

序号	发行时间	书　　名	著 者	版别	市场稀缺度	备 注
1064	1949.6	解放军		初版	★★★	
1065	1949.6	见了毛主席请个安	宗化编	初版	★★★	
1066	1949.6	李锡章老俩口子		初版	★★	
1067	1949.6	谁靠什么击着地球		初版	★★	
1068	1949.6	企业中的鼓励工作		初版	★	
1069	1949.6	联共(布)党关于经济建设问题的决议		初版	★	
1070	1949.6	苏联的社会主义工业化		初版	★	
1071	1949.6	苏联公民怎样纳税		初版	★	
1072	1949.6	煤层构造学		初版	★★	
1073	1949.6	巴勒斯坦问题真相		初版	★★	
1074	1949.6	人民的北朝鲜		初版	★★	
1075	1949.6	劳动保险文献	东北职工总会	初版	★★	修订本
1076	1949.6	马克思主义与美国“例外论”	威廉斯特	初版	★★★	
1077	1949.6	土地问题理论	列宁	初版	★★	
1078	1949.6	论民族问题	斯大林	初版	★★	
1079	1949.6	论民族殖民地问题		初版	★	
1080	1949.6	经济问题与财政问题	毛泽东	再版	★★★	175 页 32 开
1081	1949.6	鸟王做寿		初版	★★★	
1082	1949.6	骨肉亲		初版	★★★	
1083	1949.6	纪念与回忆	魏东明	初版	★★	
1084	1949.6	星	卡西凯维支	初版	★★	邵天任译
1085	1949.6	在一个居民点里	加林	初版	★★	苏英译
1086	1949.6	炉		初版	★★	
1087	1949.6	换工插犋		初版	★★★	
1088	1949.6	中国通史讲话	陈怀白	初版	★★	
1089	1949.6	巴甫洛夫		初版	★	

序号	发行时间	书　　名	著者	版别	市场稀缺度	备　注
1090	1949.6	马德全立大功	黎蒙	初版	★★	
1091	1949.6	纪念日资料	生活杂志社	初版	★★★	
1092	1949.6	二毛立功		初版	★★★	
1093	1949.6	开荒		初版	★★★	
1094	1949.6	大连访问纪要		初版	★★	
1095	1949.6	赵顺清割皮带		初版	★★	
1096	1949.6	男耕女织		初版	★★	
1097	1949.6	喜		初版	★	
1098	1949.6	新歌选集		初版	★★★★	
1099	1949.6	简谱音乐讲话	俞平	初版	★★★	
1100	1949.6	论马恩列斯	解放社	初版	★★	
1101	1949.6	共产党宣言	马克思 恩格斯	翻版	★★★	干部必读文件
1102	1949.6	小孩与时间		初版	★★	
1103	1949.6	画报业务		初版	★★★	
1104	1949.6	怎样做玩具		初版	★★	
1105	1949.6	怎样写稿		初版	★★	
1106	1949.6	农村应用文		初版	★	
1107	1949.6	论医务工作者的道路		初版	★	
1108	1949.6	农村卫生		初版	★	
1109	1949.6	工人与卫生		初版	★	
1110	1949.6	论民族问题	斯大林	初版	★★	
1111	1949.6	共产主义常识	东北书店	再版	★★	
1112	1949.6	幸福	仓夷	再版	★★★	遗作
1113	1949.6	唯物论与经验批评论	列宁	再版	★★	
1114	1949.6	朱宝全生产	刘莎	初版	★★★	
1115	1949.6	群众创作选集	江帆、罗立韻	初版	★★★	

序号	发行时间	书　　名	著 者	版别	市场稀缺度	备　注
1116	1949.6	结果怎么样?（话剧）	刘青	初版	★★	
1117	1949.6	中国政治思想史	吕振羽	翻版	★★	

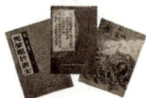

东北书店出版的教材目录

序号	发行时间	书　　名	著 者	市场稀缺度	备 注
1	1946.11	中国历史课本		★★	
2	1946.11	初中历史课本	叶双生	★★	
3	1947.1	初中国语第一册	东北政委会	★	第一次统一发行教科书
4	1947.1	初中国语第三册	东北政委会	★	
5	1947.1	初中国语第五册	东北政委会	★	
6	1947.1	初中国语第七册	东北政委会	★	
7	1947.1	高小国语第一册	东北政委会	★	
8	1947.1	高小国语第三册	东北政委会	★	
9	1947.1	高小政治常识第一册	东北政委会	★	
10	1947.1	高小政治常识第三册	东北政委会	★	
11	1947.1	高小历史第一册	东北政委会	★	
12	1947.1	高小历史第三册	东北政委会	★	
13	1947.1	中学历史第一册	东北政委会	★	
14	1947.1	中学历史第三册	东北政委会	★	
15	1947.1	中学政治常识第一册	东北政委会	★	
16	1947.1	中学政治常识第三册	东北政委会	★	
17	1947.1	中学政治常识第五册	东北政委会	★	
18	1947.1	中学政治常识第七册	东北政委会	★	
19	1947.1	中学政治常识第九册	东北政委会	★	
20	1947.8	初小国语第二册	东北政委会	★	
21	1947.8	初小国语第四册	东北政委会	★	
22	1947.8	初小国语第六册	东北政委会	★	
23	1947.8	初小国语第八册	东北政委会	★	
24	1947.8	高小国语第四册	东北政委会	★	
25	1947.8	高小地理第四册	东北政委会	★	
26	1947.8	高小历史第二册	东北政委会	★	
27	1947.8	高小自然第二册	东北政委会	★	
28	1947.8	高小常识第二册	东北政委会	★	

序号	发行时间	书名	著者	市场稀缺度	备注
29	1947.8	初中历史上册	东北政委会	★	
30	1947.8	初中算数上册	东北政委会	★	
31	1947.8	初中国文一册	东北政委会	★	
32	1947.8	初中政治国际常识	东北政委会	★	
33	1947.8	初中常识二册	东北政委会	★	
34	1947.8	初中常识四册	东北政委会	★	
35	1947.8	初中算数二册	东北政委会	★	
36	1947.8	初中算数四册	东北政委会	★	
37	1947.8	初中算数六册	东北政委会	★	
38	1947.8	初小算数八册	东北政委会	★	
39	1947.8	高小算数二册	东北政委会	★	
40	1947.8	高小算数四册	东北政委会	★	
41	1947.8	高小地理第二册	东北政委会	★	
42	1947.8	高小自然第四册	东北政委会	★	
43	1947.8	高小国语第二册	东北政委会	★	
44	1947.8	初中国文第二册	东北政委会	★	
45	1947.8	初中国文第四册	东北政委会	★	
46	1947.8	初中算数下册	东北政委会	★	
47	1947.8	初中政治常识	东北政委会	★	
48	1948.11	俄文课本第一册	哈市教育局	★	
49	1948.2	初级国语第一册	东北政委会	★	
50	1948.2	初级国语第三册	东北政委会	★	
51	1948.2	初级国语第五册	东北政委会	★	
52	1948.2	初级国语第七册	东北政委会	★	
53	1948.2	初级算数第一册	东北政委会	★	
54	1948.2	初级算数第三册	东北政委会	★	
55	1948.2	初级算数第五册	东北政委会	★	
56	1948.2	初级算数第七册	东北政委会	★	
57	1948.2	初级常识第一册	东北政委会	★	
58	1948.2	初级常识第三册	东北政委会	★	
59	1948.2	高级国语第一册	东北政委会	★	
60	1948.2	高级国语第三册	东北政委会	★	
61	1948.2	高级算数第一册	东北政委会	★	
62	1948.2	高级算数第三册	东北政委会	★	

序号	发行时间	书　　名	著 者	市场稀缺度	备 注
63	1948.2	高级常识第一册	东北政委会	★	
64	1948.2	高级常识第三册	东北政委会	★	
65	1948.2	高级自然第一册	东北政委会	★	
66	1948.2	高级自然第三册	东北政委会	★	
67	1948.2	高级历史第一册	东北政委会	★	
68	1948.2	高级历史第三册	东北政委会	★	
69	1948.2	高级地理第一册	东北政委会	★	
70	1948.2	高级地理第三册	东北政委会	★	
71	1948.7	高中国语(第四册)	东北政委会	★	
72	1948.11	地　　理(第一册)	哈市教育局	★	初中临时教材(哈)
73	1949.2	历史课本(全一册)	东北政委会	★	初中一年级用
74	1949.2	二千年间(全一册)	东北政委会	★	补充教材
75	1949.2	地理(上册)	东北政委会	★	初中一年级用
76	1949.2	地理(下册)	东北政委会	★	初中二年级用
77	1949.2	中国近代史(全一册)	东北政委会	★	初中二年级用
78	1949.2	三角(全一册)	东北政委会	★	初中三年级用
79	1949.2	生理卫生(全一册)	东北政委会	★	初中一二年级用
80	1949.2	算术(全一册)	丁江、颜泗南 徐宜、朱纪让	★	初中一年级用
81	1949.2	代数(上册)	杨晓初、杨明轩	★	初中二年级用
82	1949.2	代数(下册)	东北政委会	★	初中二年级用
83	1949.2	几何(上册)	东北政委会	★	初中三年级用
84	1949.2	几何(下册)	东北政委会	★	初中三年级用
85	1949.2	物理(上册)	东北政委会	★	初中二三年级用
86	1949.2	物理(下册)	东北政委会	★	初中二三年级用
87	1949.2	化学(上册)	东北政委会	★	初中二三年级用
88	1949.2	化学(下册)	东北政委会	★	初中二三年级用
89	1949.2	动物(上册)	东北政委会	★	初中一二年级用
90	1949.2	动物(下册)	东北政委会	★	初中一二年级用
91	1949.2	植物(上册)	东北政委会	★	初中一二年级用
92	1949.2	植物(下册)	东北政委会	★	初中一二年级用
93	1949.2	国文(第一册)	东北政委会	★	初中一年级用
94	1949.2	国文(第三册)	东北政委会	★	初中二年级用

序号	发行时间	书　　名	著　者	市场稀缺度	备　注
95	1949.2	国文(第五册)	东北政委会	★	初中三年级用
96	1949.2	简明中国通史(全一册)	吕振羽	★	高中一二年级用
97	1949.2	政治经济学	薛幕桥	★	高中一年级用
98	1949.2	中国近代史(上册)	韩启晨	★	
99	1949.2	中国近代史(下册)	韩启晨	★	高中二年级用
100	1949.2	新民主主义论	毛泽东	★	三年级上学年用
101	1949.2	算术(全一册)	东北政委会	★	
102	1949.2	代数学(上册)	东北政委会	★	高中一年级用
103	1949.2	代数学(下册)	东北政委会	★	高中一年级用
104	1949.2	物理学(上册)	东北政委会	★	高中二三年级用
105	1949.2	物理学(下册)	东北政委会	★	
106	1949.2	化学(上册)	东北政委会	★	高中二三年级用
107	1949.2	化学(下册)	东北政委会	★	高中二三年级用
108	1949.2	平面几何学(全一册)	东北政委会	★	高中二三年级用
109	1949.2	立体几何学(全一册)	东北政委会	★	高中三年级用
110	1949.2	解析几何学(全一册)	东北政委会	★	高中二三年级用
111	1949.2	三角学(全一册)	东北政委会	★	高中三年级用
112	1949.2	生物学(全一册)	东北政委会	★	高中二三年级用
113	1949.2	矿物学(全一册)	东北政委会	★	高中三年级用
114	1949.2	国文(一册)	东北政委会	★	高中一年级用
115	1949.2	国文(三册)	东北政委会	★	高中二年级用
116	1949.2	国文(五册)	东北政委会	★	高中三年级用
117	1949.2	中国四大家族（初中一年上）	陈伯达	★	参考书
118	1949.2	人民公敌蒋介石(初中一年上)	陈伯达	★	参考书
119	1949.2	现中国的两种社会(初中一年上)	军政大学政治部	★	参考书
120	1949.2	帝国主义是资本主义底最高阶段(初中二年上)	列宁	★	参考书
121	1949.2	在选民大会上的演说(初中二年上)		★	参考书
122	1949.2	论国际形势(初中二年上)		★	参考书
123	1949.2	目前形势与我们的任务(初中二年上)	毛泽东	★	参考书
124	1949.2	整风文献(初中三年上)	解放社	★	参考书
125	1949.2	论共产党员的修养(初中三年上)	刘少奇	★	参考书

序号	发行时间	书　　名	著 者	市场稀缺度	备 注
126	1949.2	论青年修养（初中三年上）	刘少奇	★	参考书
127	1949.2	政治经济学（高中一年上）	薛幕桥	★	参考书
128	1949.2	国家与革命（高中二年上）	列宁	★	参考书
129	1949.2	帝国主义是资本主义底最高阶段（高中二年上）	列宁	★	参考书
130	1949.2	社会科学概论（高中二年上）	吴黎平 杨松	★	参考书
131	1949.2	中国革命与中国共产党（高中二年上）	毛泽东	★	参考书
132	1949.2	论联合政府（高中二年上）	毛泽东	★	参考书
133	1949.2	目前形势与我们的任务（高中二年上）	毛泽东	★	参考书
134	1949.2	中国革命与中国共产党（初中一年下）	毛泽东	★	参考书
135	1949.2	新民主主义论（初中一年下）	毛泽东	★	参考书
136	1949.2	论联合政府（初中一年下）	毛泽东	★	参考书
137	1949.2	目前形势与我们的任务（初中一年下）	毛泽东	★	参考书
138	1949.2	社会发展简史（初中二年下）	解放社	★	参考书
139	1949.2	社会科学概论（初中二年下）	吴黎平、杨松	★	参考书
140	1949.2	中国中央关于调查研究的决定（初中三年下）		★	参考书
141	1949.2	目前形势与我们的任务（初中三年下）	毛泽东	★	参考书
142	1949.2	农村调查（初中三年下）	毛泽东	★	参考书
143	1949.2	湖南农民运动考察报告（初中三年下）	毛泽东	★	参考书
144	1949.2	中国四大家族（高中一年下）	陈伯达	★	参考书
145	1949.2	近代中国地租概论（高中一年下）	陈伯达	★	参考书
146	1949.2	财政问题与经济问题（高中一年下）	毛泽东	★	参考书

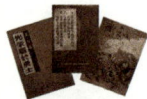

序号	发行时间	书　　名	著者	市场稀缺度	备　注
147	1949.2	目前形势与我们的任务（高中三年下）	毛泽东	★	参考书
148	1949.2	历史临时课本（高中三年下）		★	参考书

东北书店出版的期刊

1.《东北日报》,1945 年 11 月 1 日在沈阳创刊。是东北局的机关报。李常青任社长。

2.《知识》半月刊,1946 年 5 月 11 日在长春创刊。主编舒群。以知识青年、中学生、职业青年、小学教员、新干部、新青年团员为对象,月出二期,每期出版 4 万份。从 1946 年 9 月 14 日第三期开始在佳木斯发行。1948 年 12 月 20 日杂志社迁移沈阳。

3.《文展》半月刊,白朗主编。青年大众文艺刊,1946 年 9 月 14 日在佳木斯创刊发行。编辑部设在佳木斯市中山街。

4.《东北文化》半月刊,1946 年 10 月 5 日在佳木斯创刊,编辑者为任虹、吴伯箫、严文井等。为综合性文化期刊、读者对象为知识分子和文化工作者。张松如主编,编辑部设于佳木斯。

5.《东北文艺》月刊,1946 年 12 月创刊。文艺性刊物,由中华文协佳木斯分会主办。创办人吕骥、张庚。

6.《人民戏剧》月刊,1946 年 12 月 1 日在佳木斯创刊,发表戏剧理论、戏剧作品等,供给文工团及民间剧团进行工作及业务学习材料,每期印 5000 份。编辑部设在佳木斯市。编委为 张庚、舒非、塞克、颜一烟、沙蒙、吴雪、陈戈、袁牧之、李之华、张水华等。

7.《人民音乐》月刊,1946 年 12 月 25 日在佳木斯创刊。编辑为王一丁、任虹、吕骥、何士德、向隅等。系东北解放区第一份普及音乐知识、刊登音乐作品、探讨音乐理论的群众性刊物。

8.《东北画报》，1947 年 1 月创刊发美术，摄影作品，反映战地、支前、生产生活等，后在哈尔滨等地出版，1949 年 2 月迁入沈阳。主要编辑人有画家古元、沃渣、张仃等，摄影家郑景康、张进学、葛力群等。

9.《业务通讯》半月刊。1948 年 1 月 19 日在哈尔滨出版。系东北书店店刊。从 16 期开始改为《出版与发行》。

10.《干部学习》，1949 年 4 月 2 日创刊。由中共中央东北局宣传部编，一般干部政策理论学习刊物。每期发行量 3 万份，东北书店发行。

11.《译文月刊》，1949 年 4 月 10 日创刊。东北书店印行。

12.《国际经济》，1949 年 5 月 8 日创刊。由东北财经委员会统计处编译。东北书店发行。

13.《东北教育》月刊，1949 年 4 月 15 日创刊。由东北行政委员会教育社编，东北书店发行。

东北书店出版的期刊目录

发行时间	书名	主编	备注
1945.11.1	东北日报	李常青	沈阳创刊
1946.5.11	知识	舒　群	长春创刊
1946.9.14	文展	白　朗	佳木斯创刊
1946.10.5	东北文化	张松如	佳木斯创刊
1946.12	东北文艺	吕　骥	佳木斯创刊
1946.12.1	人民戏剧	张庚等	佳木斯创刊
1946.12.25	人民音乐	王一丁等	佳木斯创刊
1947.1	东北画报		沈阳创刊
1948.1.19	业务通讯	东北书店	哈尔滨创刊
1949.4.2	干部学习	中共中央东北局宣传部	沈阳创刊
1949.4.10	译文月刊		沈阳创刊
1949.5.8	国际经济	东北财经委员会统计处	沈阳创刊
1949.4.15	东北教育	东北行政委员会教育社	沈阳创刊

东北书店轶闻轶事

张闻天对东北书店的关怀

佳木斯，是当时的合江省省会。

省委书记张闻天对出版发行工作非常关心。他是书店的常客，有机会路过书店总要进去看看。他认为书店的门市部、阅览室、墙报办得好，特别是墙报的“读者园地”专栏，能及时解答读者对当前时局提出的问题，能负责地解释党的各项方针政策，宣传革命大好形势，成为知识青年的知心朋友，要认真办下去。

1937年，由张闻天撰写的《中国现代革命运动史》，曾作为延安干部理论学习用书。进军东北时，张闻天亲自把原著交给牡丹江分店印行。

一次，张闻天把东北书店总店总经理李文邀到省委指示说：“书店的门市部和阅览室，书太少，要多出一些。”然后，从书架上挑选了几套延安解放社出版的书籍，交给李文拿回去翻印。

他还问：“书店工作有什么困难?”李文回答：“书店人手太少。”

他马上叫来他的夫人，时任合江省委组织部长的刘英，吩咐：“你马上给书店调配一批干部和中学毕业的青年。”不久，省委组织部从东北大学、北满干校调来几个人做编辑，从联合中学调来十几个毕业生充实到书店。

就在张闻天离开合江省赴哈尔滨就任中共中央东北局常委兼组织部长的前夕，他还参加了东北书店合江分店举行的东北版《毛泽东选集》的发行仪式。

张闻天、刘英夫妇在佳木斯中共合江省委住房前

《毛泽东选集》东北书店版出版二三事

1947年秋，中共中央东北局开始把过去陆续发表的和延安整风时期编印的《两条路线》中有关毛泽东的一些著作，加以整理、汇编，计划出版一部合订的大开本的《毛泽东选集》。

编辑计划由中共中央东北局宣传部长凯丰主持，确定内容，开出篇名。凯丰部长说：“这是从延安带来交给东北出版的。要重视，组织好力量，完成这项重要任务。”

纸张和排版是达到高水平、高标准的关键。原计划从接收敌伪的物资中挑选最好的纸张，但满足不了一千个页码、两万册的印量。李文总经理找到东北局经委主任王首道批下专门经费，经东北日报社李常青、廖井丹、李荒等领导协商，由石岘造纸厂为印刷选集专门生产纸张。为此，石岘造纸厂厂长刘力子多次来到哈尔滨，商讨此事。所用纸张规格为与25开相似的大32开，要求有韧性。经两个月的研制生产，新纸张如期运到哈尔滨。

佳木斯印刷厂出版一般书籍可以，印刷较高质量的精装书籍技术条件还不够。哈尔滨原中长铁路印刷厂规模较大，有精装烫金设备，主要印制火车票，从未印过大型书籍。经与军代表和来自新四军的厂长胡汉研究，由已更名为东北铁路印刷厂担负印刷任务。总店的几位经理天天跑印刷厂，与工人师傅一起研究排版、打样、校对、改错字。为保证笔画完整无缺，字体清晰明爽。排印选集的老五号字全部铸新的，为此胡汉厂长对提出的要求一一应允。书店要求打完纸型后，直接用铅字上机器印刷，这样比用铅版印，质量有很大提高。胡汉厂长还建议，每印一版，先用最好的洁白的书籍纸印十张，以便将来送给毛主席。他还找到一些羊皮，制作了部分珍贵的羊皮浸染而成的红色封面。

稿子发排以后，最后的清样校对，由书店全部承担。书店的部分领导李文、周保昌、王大任、李一黎、黄洪年负责校对。东北日报社的史堪也参加了校对。全部校样前后仔细校对了七遍，保证做到没有一个错字。

为保证质量，书店派人日夜守在机器旁检查。

装帧设计上，这部《毛泽东选集》有八个特点：

第一，每卷之前，有一张空白页，上印卷一至卷六字样，字下配有精美的图案。图案由黄洪年设计。第二，每篇题目另起页码，排在单页码上，有些双页码上虽无正文，也让它空着。第三，书的扉页前的环衬上部，印有“在毛泽东旗帜下前进！”的红字。第四，加装一页硬卡，压暗线框，把用铜版纸印的毛主席像贴在硬卡上，照片前加盖一页玻璃纸。毛主席像选了两张，一张是半身形象，一张是毛主席在“七大”会议上作报告形象；第五，“目次”共占了16个页码，为了与正文页码相区别，“目次”的页码采用罗马字符，而正文则以阿拉伯字码为顺序。第六，正文用老五号字，标题全部用黑体，篇题为二号黑体，章、节用三、四号黑体，节下小标题用五黑。第七，多数封面采用布面精装；极少数采用羊皮精装，这种版本流传极少。封面和书脊的毛主席侧面像和烫金字是用刻制的钢印压出凸凹效果的。第八，全部用索线装订。

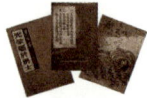

在内容编排上，这部《毛泽东选集》编为六卷合订本，分类是：卷一，主要是毛主席关于农村调查的一些报告，其中的《湖南农民运动考察报告》不是全文。其兴国调查，长冈乡、才溪乡调查，至今仍有研究价值；卷二和卷三，收入的是毛主席在抗日战争时期的主要著作；卷四，是井冈山时期和抗日战争时期的一些军事著作；卷五，是有关财经方面的著作；卷六，主要收入延安时期的一些重要文献。但是也有些篇目，如《第二次帝国主义战争讲演提纲》《一九四五年的任务》等，是过去发表过的，也搜集在内。最后一篇《文化统一战线》则是根据报纸上的报道编进去的。

选集即将付印时，1947 年 12 月 25 日，毛主席在中共中央会议上的报告《目前形势和我们的任务》公开发表，经请示凯丰部长同意，把这篇文章及时收进选集，将它插入在卷首。

在当时的条件下，每天出厂数百册，陆续地发往东北各省，人们争相购买。出版时，正值黑龙江省委召开土地改革干部大会，省委书记王鹤寿特地派人到哈尔滨，买了一百部，发给与会人员。

1949 年 1 月 26 日，东北书店总店小分队在北平通县青龙桥见到北平市长兼军管会主任叶剑英，送上一部东北版《毛泽东选集》。叶剑英翻看后十分高兴，他说："这是我看到的解放区出版的最好的一部精装《毛泽东选集》。"同时，小分队还送了几部《毛泽东选集》给北平市委的其他几位领导。不久，叶剑英派他的秘书来到北平新华书店找到东北书店总店小分队，取走了十部东北版《毛泽东选集》，送给刚刚抵达北平的南京国民党政府和平谈判代表团。

东北版《毛泽东选集》是在战争年代编辑的一本内容较多的合订本，它在东北书店出版史上，书写了光辉的一页。

最早研究毛泽东思想的人——张如心

1946年9月，东北书店在佳木斯印行了张如心所著的《毛泽东的思想及作风》。

张如心，从苏联莫斯科中山大学学成回到上海，即有《哲学概论》一书问世。到中央苏区曾任军委总政治部《红军报》总编；后到延安。历任抗日军政大学政治教育科科长、军政学院教育长、中央研究院中国政治研究室主任、中央党校第三部主任、延安大学副校长。1946年张如心率延安大学和华北联大干部教师，来到佳木斯，参与创办东北大学，任党委书记和第一副校长，主持校务工作。当东北书店找到他时，他抽时间将前一年在华北联大及张家口讲座的讲演底稿作了整理，9月2日写下《写在前面的几句话》。

《毛泽东的思想及作风》，主要内容分作四部分：毛泽东的人生观、毛泽东的科学方法、毛泽东的科学预见和毛泽东的作风。

张如心从自己的亲身经历以及对毛泽东的多角度研究后，最先提出了"毛泽东思想"一词：1941年，他在《共产党人》杂志发表文章提出：党教育人才，"应该忠于列宁、斯大林的思想，忠于毛泽东思想"。1942年2月18、19日，张如心又在《解放日报》上发表《学习和掌握毛泽东的理论和策略》的文章，提出“中国马克思列宁主义，毛泽东同志的理论和策略正是马列主义理论和策略在殖民地封建社会的运用和发展，毛泽东的理论就是中国的马克思列宁主义”。

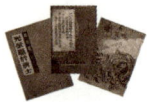

1945 年，在中共七大，把“毛泽东思想”正式载入党章。刘少奇在《关于修改党章的报告》中强调：现在的重要任务，就是动员全党来学习毛泽东思想，宣传毛泽东思想，用毛泽东思想来武装我们的党员和革命的人民，使毛泽东思想变为实际的不可抗御的力量。从此，毛泽东思想正式成为全党的指导思想。

作为党的七大代表，张如心深深感到，毛泽东思想是中国化的马克思主义，是中国人民解放斗争唯一正确的指南，这一伟大的科学思想必须广为宣传，而且它被宣传的越广泛越深入人心，则中国人民解放事业的胜利就来得越快。因此，他主动地、积极地向广大干部和群众宣传毛泽东思想。1946 年初，他在华北联大任教务长时曾应邀先后在华北联大及张家口市的“青年讲座”上，根据自己多年研究学习的体会，就毛泽东的人生观、科学方法、科学预见和作风等问题，作了系列演讲。演讲底稿被刊发在《北方文化》第一卷一至四期上。

1946 年的东北版《毛泽东的思想及作风》，是我们党内出版的最早的关于论述毛泽东思想和理论的专著。印行后受到欢迎，1947 年再版，印数达到一万本。现在，《毛泽东的思想及作风》已经成为研究中国共产党党史、毛泽东思想，研究党的思想教育史的实物资料。

第一部反映东北土地改革的长篇小说《暴风骤雨》的诞生

1946年9月初，周立波随松江省委副书记兼省委秘书长李德仲到珠河县(今尚志市)检查工作后，留下加入了工作队。

10月的一天，他从县城坐四轱辘马车来到元宝镇。不久，他担任了元宝区委书记。

一件黄大衣，一顶狗皮帽子，一双□□鞋，一副近视镜，三顿苞米楂子就咸菜，在火热的土改运动中，周立波不但接触了农村干部和农民积极分子，还注意接触各色各样的人物。每次召开会议前后，他总是钻到群众堆中找他们唠嗑。学会表示“是”的“嗯哪”，表示“这地方”的“疙瘩”等。南方人，口音重，农民叫他“南蛮子”，他只是会意地一笑。学会东北方言，发音很难准确，免不了“南腔北调”，引人发笑。

元宝镇有一位扭秧歌的民间艺人，工夫深，扭得美，每到一地，惹人关注。一个俊俏的姑娘因倾慕而嫁给他。镇里的人提起来，都说他扭来个媳妇。周立波知道后，便找到这位艺人，与之交朋友，深入了解东北民间艺术的特色。

1947年5月，周立波奉调至松江省委宣传部任宣传处长，主编《松江农民报》。离开元宝镇时，农民们帮他收拾行装，最多的是写着密密麻麻字迹的本子，这些本子加上书和报，整整装了三麻袋。

办报期间，周立波时时刻刻被元宝镇惊心动魄的土改运动场面所激动，许多活跃的英雄人物所震撼，产生了强烈的创作冲动，决心创作一部反映土改运动的长篇小说。

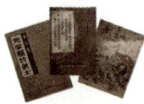

这一想法，得到了妻子林蓝的鼓励与协助。

起笔后，仅用了 50 天，周立波就写出了上卷的书稿。东北书店得知消息后，给予了极大的关注。为更好地充实内容，7 月份，组织上安排周立波携带着《暴风骤雨》上卷初稿，来到五常县周家岗，参加“砍挖运动”。

4 个月里，他一边工作，一边修改书稿。根据发生在周家岗“七斗王把头”的真实素材，加工提炼，演化为小说中生动曲折的“三斗韩老六”的故事情节。同时，版画家古元与其一同深入生活，为小说插图创作积累素材。

他把农民英雄温凤山为追捕逃亡地主而壮烈牺牲的感人事迹，移加在书中主人公赵玉林(赵光腚)的身上，使之更加丰满、感人。

书稿完成后，东北书店佳木斯印刷厂抢时间排印，仅三个月，就将这部长篇小说印刷完毕。4 月 3 日即开始在东北解放区发行。

7 月 13 日，周立波开始《暴风骤雨》下卷的创作。16 日，他与妻子林蓝，来到哈尔滨松花江上的太阳岛，住进东北局领导王首道特意让出的房子里。冒着酷暑，在短短的 46 天里，挥汗如雨，手不停挥。

至 1949 年 3 月，《暴风骤雨》下卷脱稿，东北书店将书稿安排在长春印刷厂排印。6 月 10 日，《暴风骤雨》下卷发行。

东北书店版《暴风骤雨》的印行，是我国现代文学史上的一件大事，它出版了第一部描写农村土地革命斗争的长篇小说。

1951 年底，《暴风骤雨》作为新中国革命文学的代表作之一，荣获苏联斯大林文学奖金。之后，被译成英、法、俄和苏联各少数民族文字。

陈学昭与《漫走解放区》

1945年12月中旬，中共中央组织部长王鹤寿告知：中央决定派陈学昭从东北出国，经苏联到法国巴黎，去做国际妇联工作。

因西伯利亚的火车来往不正常，暂时不能走，组织上通知陈学昭先到《东北日报》负责主编四版。陈学昭曾担任过《大公报》旅欧记者、重庆《国讯》周刊访问延安"特约记者"、延安《解放日报》四版编辑，可谓发挥所长。

1946年2月上旬，《东北日报》由本溪迁至海龙。报社设在海龙一座日伪遗留下来的房子里。陈学昭在编务工作之余，开始写作从延安出发后至东北一路上的经历和见闻。

待两个半月后的4月25日，随《东北日报》进驻长春，15篇散文式通讯已现雏形。东北书店拿走书稿，已交印刷厂，准备以名作家丛书第一部名义出版。《东北日报》在4月29日的报道中说："丛书方面，陈学昭著之《漫游解放区》一书已在付印。"一是书名有误，应为《漫走解放区》；一是在长春落脚不到一个月就撤离了，《漫走解放区》没来得及印刷。及至10月份，由东北书店重新安排牡丹江分店印行。

1949年12月，上海出版公司出了新版《漫走解放区》《东北散记》和《素描内蒙古》，可作姊妹版本看待。

中篇小说《夏红秋》的三个第一

1948 年 4 月 1 日，东北书店在佳木斯出版中篇小说《夏红秋》。它的出版，在东北书店出版史上创造了三个第一。

第一部原创小说：作者范政是原新四军中有名的“少年才子”，进军东北后，在东安省做青年工作。《夏红秋》的主要内容是：

主人公夏红秋，是安东省被日伪誉为六个“优良儿童”之一。她自幼就在日本的奴化教育下生长，不知自己是中国人，崇拜日本，跪拜日本天皇，希望“满洲国”能像日本那样文明富强。

日本投降，伪满洲国垮台后，夏红秋在中学里受的是国民党教育。她虽然知道自己是中国人，但认为国民党是正统，中央军是正规军，八路军是杂牌军；敌视八路军，嘲笑八路军土气。

后来经过教育，夏红秋逐渐明白了八路军是人民的军队，为人民办事，并参加了八路军。

在部队里，受战友们的影响与帮助，夏红秋成长为一名优秀的八路军战士。

《夏红秋》是东北书店出版的第一部原创小说，也是解放战争时期出版的第一部小说，它比《暴风骤雨》早了整整半个月。

第一部列入教材的书籍：《夏红秋》真实地反映了东北知识青年，尤其是青少年学生的思想发展历程，刚刚出版就引起了极大的关注，出书当月就被哈尔滨女子中学列为教材，重新由哈尔滨监狱工厂排印。已转至佳木斯工作的范政写了序言《夏红秋——“满洲姑娘”变为“女八路”的故事》，表示“我愿尽力把这样一个女孩子的不平常的故事告诉读者们”。

一位女子中学校长说：“《夏红秋》很有现实教育意义。女中把这部小说作为国文教材，学生用夏红秋进行对照检查，都说夏红秋有点像自己。《夏红秋》对改造学生思想发挥了很大的作用。”

第一个受到批判的出版物：当时，某些革命文学工作者“左倾”文艺思想膨胀，只要政治，不要艺术，对《夏红秋》进行了批判，认为是个坏作品，夏红秋是个完全丧失了民族良心的人，没有民族良心的人根本不会有阶级良心。像夏红秋这种人不可能对工农兵有感情，也不可能参加八路军，更不会成为八路军的优秀战士。

这样就使《夏红秋》成为东北书店出版物中最早受到不公正批判的文艺作品。

草明与《原动力》

女作家草明，原名吴绚文，笔名“草明”取自于白居易的诗句：“离离原上草，一岁一枯荣。野火烧不尽，春风吹又生。”

1928年，她入广东省女子高中师范学校初一年级，写出第一篇作品《私奔》。经人介绍她认识了《广州文艺》的主编（后来成为其丈夫）的欧阳山。欧阳山邀请她参与编辑这份专给工人和穷人看的刊物，由此她终生热爱工人生活，创作工人题材作品，是她一生献身创作工人生活、工业题材的发端。

1941年，草明与欧阳山先后到达延安。1942年，延安文艺座谈会前夕，应毛泽东之约，草明与欧阳山搜集如何为工农兵写作问题意见。草明随古大存一行10人从延安出发，到了东北，因体弱多病而留在哈尔滨中苏友协编辑《青年知识》杂志。

草明面对火热的激荡的生活，她再也不能在哈尔滨中苏友协《青年知识》杂志社的编辑部里坐下去了。尽管体弱多病，她不甘心当编辑，一心要到工农兵中去。

东北局组织部长林枫见她态度那么坚决，便建议她先去镜泊湖水电站。林枫说，那边需要作家去反映工人的高昂情绪，反映工人的战斗生活。

1947年5月的一天，草明坐上开往镜泊湖的火车。火车上，她回忆起离开延安时，毛主席鼓励她到东北前方去，可以更好地写工农兵。到牡丹江报到后，草明就急于来到镜泊湖，接触工人，深入生活。

在镜泊湖水电站生活了半年。草明回到哈尔滨。1948年春夏之交，草明请了三个月创作假，着手写作中篇小说《原动力》。6万字的小说初稿完成，而且东北书店准备出版之时，恰逢哈尔滨正筹备全国第六次劳动代表大会。大会筹委会宣传出版部听说有一部反映工人生活的小说要出版，马上与东北书店联系，督促赶快把书印出来。10月2日，《原动力》印行，大会赠予代表人手一册。

《原动力》以镜泊湖为原型，内容是：玉带湖水电站工人在党的领导下，以主人翁的姿态与责任感，与国民党展开尖锐斗争，迅速地修复了发电站。

《原动力》，是抗战胜利后，第一部反映工业题材的小说，开创了工人阶级第一次以主人公的身份载入小说的先河，为工业题材小说创作奠定了基础。

东北版中篇小说《原动力》的出版，被视作文学史题材上开拓性的革命。

刘白羽的军旅文学

1946 年 5 月，刘白羽受中央派遣，来到东北，对外是《解放日报》及新华社记者，实质上属于东北大军区记者。来到东北后，又担任《东北日报》随军记者。刘白羽除了新闻工作，他还是一位作家。这年春天，他曾以军调部东北执行小组中共特派记者的身份到东北采访，在上海写下报告文学集《环行东北》，出版后，风行一时。

第二次来到东北，刘白羽很快地投入到火热的解放战争中来，写出大量于脍炙人口的“刘式通讯”。此外，他还在颠沛流离的环境中，连续写出多部小说、散文、报告文学作品，由东北书店出版。这些诞生于战火硝烟中的作品，贴近现实，真实可亲，极大地鼓舞着东北广大军民的斗志。

1948 年 6 月，东北版《无敌三勇士》，是刘白羽那个时期的代表作。它是东北解放区第一部短篇小说集。收录《无敌三勇士》《百战百胜》《政治委员》《新社会的光芒》《战斗旗帜》《血缘》《回家》等 7 篇作品。其中《无敌三勇士》，采取白描的手法，通过描写三个普通战士提高思想觉悟、增强战斗力、团结合作、英勇杀敌的事迹，反映我军强大的政治思想工作的效应。东北版《无敌三勇士》出版后，西北新华书店 1949 年 7 月再版，华中军区政治部 1949 年再版。

同年 7 月 1 日，刘白羽短篇小说集《政治委员》由东北书店出版，雨野插图，收入《政治委员》《勇敢的人》《百战百胜》《无敌三勇士》《血缘》《回家》《红旗》《永远前进》《火光在前》《早晨六点钟》等十篇作品。《政治委员》是解放区第一篇短篇小说，以浓重的笔墨塑造了独臂团政委吴毅身残志坚、艰苦朴素、和蔼可亲、身先士卒的感人形象。

此外，东北书店还出版了刘白羽的其他著作，计有《人民与战争》《勇敢的人》《英雄的记录》《红旗》等，他创造了个人在东北书店出版文学创作著作最多的纪录。

刘白羽与妻子汪琦在东北日报社楼顶

华君武的《时事漫画》

运用漫画做武器，配合军事报道，是《东北日报》的独创，极具战斗性。

漫画家华君武，1945 年年底到《东北日报》，任文字记者，后到文艺部专画时事漫画。他的漫画不仅数量多，而且思想深刻，内容丰富，构思巧妙，辛辣幽默。从 1946 年 5 月 5 日第一幅漫画起，三年间，他共创作发表漫画作品近二百幅。

这个时期，华君武成功创造了蒋介石的漫画形象：光头上顶着美式船形帽，面颊贴着一方膏药，瞪着一双小贼眼，小嘴上方一撮黑胡髭。形象地突出了蒋介石的封建流氓本质特征，形态丑陋且滑稽，东北军民戏称其为“丑八怪”。他还塑造了许多不同侧面的蒋介石的形象，有《关店大拍卖》里的经纪人、《掩鼻而过》里的拾破烂者、《窃贼和他的老板》里的扒手、《新献地图》里的丑角，等等。

华君武因此惹恼了蒋介石及其走卒。1947 年，在破获的哈尔滨国民党潜伏特务机关的暗杀名单上，赫然列有华君武的大名，罪名是“侮辱领袖”。

华君武的时事漫画，紧密配合国内国际形势，广用日常生活的场景来比喻、象征，由此揭示实质，反映主题。在《榨干了》这幅漫画中，他取老式油坊的榨油机来表现蒋宋孔陈四大家族搜刮民脂民膏。在《后备空虚，败局已定》这幅漫画中，他用下象棋来表现蒋家王朝的颓败之势。这些具有民族化、通俗化、大众化的漫画作品，迅速被东北老百姓所接受，成为激励斗志、休闲娱乐的“打气机”，成为蒋介石及其走卒的“泄气剂”，收到了文化战线的第二战场的战斗作用。

1948 年，东北书店出版发行了华君武的《时事漫画》。《时事漫画》大 32 开本，横幅，采用连环画形式排版。印行后受到东北解放区及华北新解放区广大军民的欢迎。

华君武在《东北日报》发表的漫画《磨好刀再杀》

陈伯达揭露国民党的著作

东北书店出版了一大批揭露国民党反动本质的理论性书籍，其中以陈伯达的论著最多，计有：1945年本溪版的《介绍中国之命运》，此书1946年4月13日重版，书名改作《评“中国之命运”》；1946年8月28日，佳木斯版《介绍窃国大盗袁世凯》，又作《窃国大盗袁世凯》；1946年12月21日，佳木斯版《中国四大家族》，1947年5月28日再版，1949年作为初中一年级政治课本佳木斯再版；1946年11月9日，佳木斯版《论三民主义》，1947年7月3日再版；1948年8月5日出版的《人民公敌蒋介石》，1949年4月5日再版。

从《中国的四大家族》就可以看出写作与出版的紧张运行，写作夜以继日地进行了三个月，全书分作引用《中国的最后统治者》等九章，此书所收集的材料截止于1946年9月底，10月15日完稿；东北书店取得书稿后仅用一个多月，就将《中国的四大家族》印刷出来。

此外，东北书店还出版了陈伯达的其他理论著作，如《社会科学概论》《重要的问题在于学习》《五四运动与知识分子出路》等。

据统计，东北书店出版的陈伯达的理论著作量仅次于毛泽东，位居第二。

马加的《江山村十日》

马加先是在哈尔滨婉拒了总编辑李荒邀请进入《东北日报》的机会，接着在佳木斯又坚拒了合江省委书记张闻天安排他去筹建东北电影制片厂的机会，要求到基层土改第一线。

1946年7月下旬，马加参加桦川县长发屯区土改团，在顺山堡认识了青年农民马永清。1947年12月，已担任佳东区委书记的马加从佳木斯来到正东的高家屯，在这里待了十天。春节后，他又来住了近两个月，生活新鲜，情感饱满，印象强烈。

马加的创作欲望像火苗一样燃烧起来。在一次贫雇农大会上，马加慷慨地许诺要把农民兄弟写进小说。几乎在高家屯工作的同时，马加白天参加繁忙的平分土地运动，夜晚在煤油灯下挥笔创作。

开始写作的时候，马加依据真人真事，没有经过加工剪裁浓缩。经过一个月的写作，到1948年2月末，完成了中篇小说的草稿。

在贫雇农大会上，马加将小说草稿念给农民听。农民们针对每个人物的性格描写进行争论，并提出了具体意见。甚至于将作品中的人物和生活原型一一进行核对，还要询问他本人同不同意这样写。

当时，马加是太喜欢高家屯这些淳朴的乡亲们了，总怕小说写毕，见面时会质问：“你为什么不把我写进去？”

3月初，马加来到哈尔滨，到东北书店修改小说初稿。原来，小说里设计的人物足足有50多个，在高家屯这个有着159户、635口人的村落，一个个乡亲的面孔总在眼前活动，真是舍不得删减。马加徘徊而又痛苦，甚至准备抛弃它。

5月份，马加又到了高家屯，乡亲们见面就问："你答应给我们写的书印出来了吗?我们等着看呢! "

马加很受感动，觉得应该坚持下去，既然答应下来，就不能辜负他们。他们翻身了，想看见别人描写他们的书。如果写不出，那才是真对不起他们了。

改了四遍，书才脱稿，50个人物删去了30个，情节紧凑了，语言顺畅了。

1948年11月24日，马加完成了《江山村十日》的写作。1949年4月1日在沈阳东北书店又改写了第五遍，这部12万字的中篇小说才杀青。

6月7日，《江山村十日》印行。26日，东北出席全国文代会代表团将此书列入特荐文学作品。

《江山村十日》是继《暴风骤雨》之后的第二部反映东北土地改革的小说，它描写了江山村十天内发生的天翻地覆的变化，反映了发动群众斗地主、平分土地、组织生产、建立党支部、农民参军参战的土地改革全过程。小说出版后，立即得到冯雪峰等著名文学评论家的高度评价。

东北版《江山村十日》问世后，重印次数创造了东北版书籍之最。新中国成立前后，上海群益出版社、新文艺出版社共印行13版。1962年2月，上海文艺出版社出了14版。1979年3月，春风文艺出版社出了15版。仅1962年、1979年两次，便印刷了43 500册。可见这部中篇小说的深远影响。

东北书店出版的第一本刊物《知识》

东北书店出版的第一本刊物是《知识》杂志。1946 年创刊于长春，后迁至佳木斯，再迁至哈尔滨。先期主编舒群，后由纪云龙接任。它是一本以青年学生和知识分子为对象的综合性、时政性和报道性的刊物，内容广泛而富有趣味。

它的创办具有针对性。由于东北青年长期受日伪统治，视野有限，从实际出发偏重历史知识和国际知识的内容。创刊号就以讲解红五月的革命历史为主。刊有《五月与中华民族》和《鲜红的五月》，指出：除了“五一”国际劳动节、“五五”是孙中山先生就职非常大总统外，其他都是因为日本军国主义的侵略中国造成的。“五三”是济南惨案、“五四”是反帝反封建运动，“五九”是日本提出灭亡中国的二十一条约，“五卅” 是上海惨案，“五卅一”是塘沽屈辱协定。日本帝国主义为了实现独霸东北的目的，用歪曲历史的手段，欺骗东北人民，特别是青年学生，订“五二”为“宣诏纪念日”，“五卅一”为“建国忠灵祭”，妄图切断中华民族的历史，扑灭东北人民对它的仇恨。

杂志有短评、时评、专栏、人物志、漫画等。撰稿者大多是在文教战线上工作、又具有实际经验的领导干部，如穆青、于毅夫、张庚、白朗、区梦觉、王大化等人。

创刊号的封面，就采用了华君武的漫画《一人得道，鸡犬升天》，形象地揭示了蒋介石作为美帝国主义的走狗挑起内战，代替日寇继续奴役东北人民的真面目。

在时评栏内，穆青的《误揭了自己的面具》、麦波的《他们的脸谱和惯技》、鲁企风的《美军必须立即退出中国》、王揖的《蒋介石的致命伤》、金阳的《天堂与地狱》等等，都是揭露美蒋反动派对东北人民的新进攻。

在专论栏内，有周鲸文的《东北人民迫切的要求是什么》、华泽的《红军是怎样攻入东北的》、华岗的《简论所谓东北主权问题》、斯坦因的《毛泽东的主张》等。

在反映学校、学生动态栏内，先后刊登了《哈尔滨学生联合宿舍巡礼》《合江联中的民青》《东北军政大学介绍》《绥化中学通讯》《哈尔滨女中的检菌与医疗》《医大生活剪影》《半年来的绥中同学》《民权村小学民办经验》《我们的课堂在农村》等。

在开辟的通讯报道专栏和文艺专栏内，刊有刘白羽、李普、舒群、郭沫若、萧军、严文井、茅盾、艾青、西虹、王大化的作品和翻译的外国作品，很受青年学生的喜爱。

在开辟的人物志专栏内，先后介绍了高尔基、瞿秋白、鲁迅、茅盾、白求恩、斯大林、毛泽东、朱德、李兆麟、李公朴、闻一多、邹韬奋等，还专访了刘宁一、罗叔章、云泽(即乌兰夫)。

杂志还开辟了“讲座”、“座谈会特辑”、“蒋管区素描”、“历史重温”、“自修知识和科学小品”、“美国问题”、“文艺”、“读者往来”、“资料”、“习作”、“诗歌”等丰富多彩、内容广泛的专栏。是一本名副其实的传播革命知识的普及读物。

《知识》杂志创刊时发行3000份，随着东北解放区的不断扩大，到后期发行量达4万份。

农民的好朋友《翻身乐》

《翻身乐》是1948年3月1日由东北书店创办。它诞生在东北土地改革运动中，读者对象以翻身农民为主，兼顾区村干部。它通俗、生动、简短、有趣，从形式到内容，讲究通俗平实，适应农村特点，深受农民欢迎。徐今明任主编。

通俗，是《翻身乐》的最大特色。它的开本小，采用32开，便于农民揣在衣兜里。第一期不叫第一期，专门叫做“第一本”；刊期每月一期也变换个说法，注明作“一个月出一本”；“第一本”上印着毛泽东主席的名言：“严重的问题是教育农民。”发刊词叫“见面话”，是这样说的：“这个《翻身乐》是和翻了身的农民、工人和战士站在一边的，专门替广大的劳动哥们办事。目前啥事最重要呢?有两件事：一件是前方打胜仗，消灭蒋介石匪军；再一件是后方彻底平分土地，消灭小蒋介石。以后，发展大生产，支援前线。只有把这两件事情做好，咱们就彻底翻身了，永远能过好日子。”“咱们翻身，要明白翻身的道理和办法，这里有各种常识和故事，有歌有画，还有各种娱乐材料。只要识一千字就能看懂，如果不识字，就要请识字的来念来教。”“在《翻身乐》里看翻身，学翻身，在《翻身乐》里获得翻身的文化果实和快乐。”

封面采用多色套版。著名画家古元为第一本《翻身乐》画了引人入胜的彩色封面：典型的东北土炕上，爷爷抱孙子，奶奶做军鞋，儿媳纺线，孙女坐在炕桌旁学文化，一个火盆，一只小猫。炕稍崭新的被子整整齐齐地摞起，一串串苞米挂在上边。头戴皮帽、身穿军装的儿子拿着枪走进屋里。阳光照进屋内，照着这温暖欢乐的一家人。第二本的封面是：四个儿童团员，为前方包扎慰劳品，书写慰问信，他们的旁边有一只笑眯眯的小猫，很有生活气息。

内容上，以第一本为例，除了“见面话”外，还有一篇是《毛主席告诉咱干啥》。在“天下大事”栏，刊有前方“我军半年消灭蒋匪七十五万”、后方“十六万人参军”的消息。另外有“翻身故事”、“翻身画”、“俱乐部”等专栏，小调、大鼓、快板、秧歌、故事等，应有尽有。还有华君武的漫画《蒋匪抢粮的故事》，谭亿作词、唐培竹作曲的歌曲《平分土地》。

《翻身乐》的撰稿人主要是农村区村干部，也有牡丹江省委书记李大章写的文章《大家动手把〈翻身乐〉办得更好一些》。

随着形势的发展，《翻身乐》的内容越来越丰富，形式越来越多样。它后来更名为《新农村》，前后一共出刊 24 本。

《翻身农家》 古元作

“东北书店”店名手迹出处

“东北书店”四个字，是改用的毛泽东主席的手书字体。

“东北”两字，用的是毛泽东为《东北日报》的报头题字的“东北”；“书店”两字，沿用了毛泽东原为“新华书店”的题字的“书店”，各取一半后，再拼成“东北书店”。

正式启用应是总店迁至佳木斯后的 1946 年八九月间，从此均以此为标准。

东北书店成立日

东北书店的成立日有两种说法。

一种是，筹建日 1945 年 11 月 7 日定为成立日。

一种是，正式开幕的 11 月 16 日定为成立日。据当事人回忆，当时的门市部是沈阳马路湾伪满图书株式会社旧址，开幕时用红布贴上白字就算招牌。

两种说法算哪个呢？以国家出版志为准，即 11 月 7 日为成立日。

李常青与东北书店

1945 年 9 月 18 日，中共中央东北局在沈阳成立。李常青任东北局宣传部秘书长，奉命筹办《东北日报》。

李常青，在任中共北平市委书记时，曾组织领导震惊中外的“一二九”运动；后任中共河北省委军委书记；“七七事变”后任中共晋察冀分局宣传委员会书记、华北联大教育学院院长。

11 月 1 日，东北局的机关报《东北日报》在沈阳创刊。李常青任社长。与此同时，接受东北局指示，筹办东北书店。

李常青找到史修德，商谈建立书店事宜。李询问：“需要多少钱才能把书店创办起来?我现在手里有 40 万元红军币，够不够?”史回答：“办书店，钱多钱少不是主要问题。眼下最关键的是安全问题。我马上开始创办工作，请你给我一个排的武装作后盾。”于是，李常青给史修德配备了一个老八路和一些新兵及武器。

11 月 7 日，东北日报社宣布东北书店正式筹建，任命报社经理部经理向叔保兼任经理，史修德、史堪为副经理。

从东北书店诞生那一天起，李常青一直关心书店的成长，给书店配备干部，确定出书计划。东北书店随《东北日报》迁至佳木斯后，他特别把《东北日报》第二印刷厂规定为书店印刷专业厂；《东北日报》建立的造纸厂，保证书店纸张供应。

后来，李常青担任合江省委宣传部长和哈尔滨市委书记时期，恰值东北书店分别驻在佳木斯和哈尔滨，他同以往一样，关心书店，亲自到书店了解情况，参加会议，帮助解决困难。

精神的纽带:店刊

1948 年 1 月 15 日,东北书店的店刊《业务通讯》在哈尔滨创刊。

创办《业务通讯》的目的,在于互通情况、指导工作。据发刊词讲,有四点:第一,通过《业务通讯》来统一思想,提高书店工作者对本职工作的认识,并与当前实际斗争结合起来,把为人民服务的工作作风发扬起来;第二,通过《业务通讯》来提高业务,交流经验,成为贯彻工作任务的有力工具;第三,通过《业务通讯》把书店的工作结为统一的、有机构成的文化战线上不可缺少的一个力量,使书店工作者在精神上联系起来,工作上团结起来;第四,通过《业务通讯》使总店各部门、编辑、印刷、发行及各个分店、支店、代销处彼此了解,互相学习,改进并加强业务学习。

在《业务通讯》上,凡是东北书店的工作计划、出版规划、工作动态、经验总结、报告、各部门的统计资料、发行情况、存货调剂、读者反映、财务管理、人员任免或调动,以及各省、县分支店的活动,都在店刊上予以公布。尤其是结合一定时期的中心工作,写成指导性的文章刊在第一版,成为大家业务学习的教材,受到大家的重视。

为了丰富《业务通讯》内容,聘请了基干通讯员,程刚枫、郑士德、纪树德、姜信之等 29 人,经常为店刊撰写稿件。

1949 年 1 月 15 日,在创刊一周年之际,《业务通讯》在出版了 15 期之后,16 期出版革新号,更名为《出版与发行》。改版后,内容更加充实。转载过苏联《真理报》相关的社论:《苏联的书籍是社会主义文化的有力武器》《普及党的工作经验与出版界的任务》;《布尔什维克》杂志的文章《论党对地方出版机关的领导》;胡愈之的文章《没有比这个工作更光荣的了》;宦乡和戈宝权从苏联回来，向书店总店人员作的报告《苏联的出版情况》;徐伯昕的文章《我们要学习韬奋的革命精神和工作方法》《三联书店简史》;还刊登了《华东新华书店关于方针和任务的决定》,以及丁裕的《谈谈写信》,大连光华书店王仿子的《门市工作七十二条》,美国女记者格兰恒的《美国书业》等。还开辟了“学习与生活”副刊,在其中讨论书店的前途、地位观念、团员生活等各种问题,工作业务、时事测验,书店的出版发行工作者收到店刊后爱不释手,争相传阅。

一位科普事业的开拓者

东北书店注重科普宣传，出版了一大批科普著作。其中，董纯才的翻译作品和创作作品最为出色。他不仅是一位教育家，也是我国科普事业的开拓者。

董纯才早年曾追随著名教育家陶行知先生，参加组织科学下嫁运动。他是从陕甘宁边区政府教育厅编审科科长任上来到东北的。1946 年 5 月，东北文化工作委员会在佳木斯成立，董纯才作为成员之一，主要从事教育管理和教材编写工作。

工作之余，他仍致力于科普宣传，把创作于 1937 年的《凤蝶外传》《狐狸夫妇历险记》和到延安后创作的《马兰纸》《一碗生水》《人和鼠疫的战争》《消灭螟谷虫的斗争》搜集在一起，形成一部科学小品集，取书名为《凤蝶外传》交与东北书店出版。《凤蝶外传》是董纯才的代表作。作品用生动细腻、娓娓动听的手法，勾勒出凤蝶的一生。作品开头表现的是凤蝶产卵的过程，描写得细致入微，真实生动。董纯才为了获得对凤蝶的了解，花了一年的时间来观察凤蝶的活动。《凤蝶外传》出版后，很受读者欢迎，多次再版。

董纯才是最早翻译伊林科普作品的人。伊林是一位世界级的科普作家，他凭借不可多得的才能，把深奥复杂的事物简单明了地讲述出来；他还善于运用散文的笔法，生动活泼的故事情节，引人入胜的艺术形象，浅显准确地讲解科学。董纯才翻译了伊林的《十万个为什么》《不夜天》《几点钟》《白纸黑字》《人和山》等科普著作。到东北后，董纯才陆续把这些译作交东北出版社印行，大受读者青睐，其《十万个为什么》一再再版。

“艺用”变“医用”

1946年，著名画家王曼硕来到佳木斯，执教于东北大学鲁迅文艺学院美术系。这个时期，他为《东北日报》和《合江日报》画了大量连环画。东北书店为其出版了《消灭于廷洲》《于廷洲罪恶史》《捉坏蛋》《改造二流子》等单本连环画册。

人体解剖学是画画的人必须研究的一门科学，过去也出版过这类书籍，但多不适合教学，尤其是有许多骨骼和肌肉的名称，更不易记忆。1948年7月，已经来到哈尔滨的王曼硕，把在延安时以刻制蜡版方式出版的《艺用人体解剖简明图》找出来，稍加变更内容，略微修正说明文字，交付书店重新印行。

《艺用人体解剖简明图》着重用图说明，文字少，许多不必要的骨骼和筋肉的名称都加以省略，并附以模型说明图，能使读者按着编排的顺序研究后，对人体结构、骨骼和筋肉的形状以及其运动变化得到一个初步的了解，并能在绘画实践中应用起来。

出乎王曼硕的意料，《艺用人体解剖简明图》发行后，不仅学美术的需要它，而且学医学的也同样表示了极大的兴趣，把它当做教科书来使用。在佳木斯大学临床医学院，就发现了一本1955年8月作清理时在扉页上标注着“医籍”字样的当年印刷本。

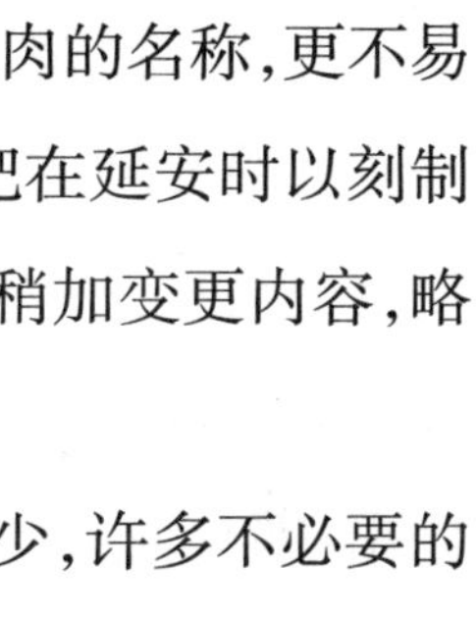

萧军的《八月的乡村》

1946 年 9 月 27 日，萧军在“哈尔滨市各界欢迎萧军先生大会”上，宣布他要在哈尔滨创办一个“鲁迅文化出版社”。11 月 10 日，离开哈尔滨到佳木斯东北大学就任鲁迅艺术文学院院长之职。

1947 年 1 月 3 日夜，在佳木斯，萧军为即将重印的《八月的乡村》写下《新版前记》，“这书，是 1934 年夏季在哈尔滨着手写的，到当年秋季于青岛完成。次年八月间在上海‘非法’出版，那时用的是‘田军’的署名。”“今天重版这本书有什么理由呢?很简单，我觉得它于目前情形——更是在东北——还会有些用处，所以就印它几千本。”3 月 21 日，萧军离职返回哈尔滨。4 月，《八月的乡村》由鲁迅文化出版社第一次在东北家乡出版，实际印数是 1000 册。5 月 13 日，东北书店正式宣布发行。

萧军照片

很多青年就揣着《八月的乡村》这部书，跋山涉水到东北大学报名学习。

光芒来自佳木斯

1946年冬，刘白羽在佳木斯采访了东北书店总店后，写下通讯《奇迹在出现》，刊发在1947年1月29日《东北日报》上。刘白羽在通讯中，是这样介绍的："佳木斯从一个被战争毁坏了的城，变为一个文化的自由的城，这是一年来东北人民解放极应重视的一面，因为我相信：哪里有自由，哪里才有高度发达的文化，这是一点也不错的。"

"物质生活的幸福，在佳木斯人民心里是已经开始了的，就会有结果。但记者觉得惊奇的是文化方面高度的收获。我访问过中山大街的东北书店总店，我告诉他们我想知道他们出版书籍的销路。以下是他们告诉我的：《论联合政府》(毛泽东)60000册。《腐蚀》(茅盾)20000册。《新人生观》(俞铭璜)10000册。《中国革命与中国共产党》10000册。"

"我是一个由上海来的人，也许是那污秽与荒淫的海的泡沫，已把我变成一个眼光遮塞的人了，我对这些数目字不能不惊讶。因为按照目前上海出版的情况，充其量一版书是印1500或2500册的，但这里'一般书一版都是印5000册'。东北书店在这一年里面，出过141种书，853500册，另外合江省教科书17种，59500册。这些书出版后，输向东北解放区各地，如哈尔滨、齐齐哈尔、东安、北安、牡丹江。如果说自由的光芒在那些地方，光芒的来处却在佳木斯。"

东北书店出版的毛泽东著作知多少

东北书店一成立，第一批出版的书籍中就有毛泽东的著作，至1949年6月，据不完全统计，三年来东北书店印行的毛泽东著作有：

《论联合政府》《新民主主义论》《中国革命与中国共产党》《论持久战》《经济问题与财政问题》《在延安文艺座谈会上的讲话》《组织起来》《抗日游击战争的战略问题》《论新阶段》《新民主主义的文化教育》《抗日游击战争一般问题》《农村调查》《湖南农民运动考察报告》《目前形势与我们的任务》《在晋绥干部会议上的讲话》《中国革命战争的战略问题》《全世界革命力量团结起来反对帝国主义的侵略》《将革命进行到底》《毛泽东选集》(六卷精装合订本)《1947年的形势和任务》(毛泽东等)《目前党的政策汇编》(一辑、二辑，毛泽东等)。

这些毛泽东著作，版本繁多，有同版重印、再版，有不同分店、不同印刷厂印行，有前期、后期不同版本，等等，形成了东北版毛泽东著作收藏的特殊专题。

一本受到嘉奖的好书:《国事痛》

1946 年,在艰难的转移途中,由许立群任社长的中共辽吉省委机关报《胜利报》仍坚持出版。

严冬来临,滴水成冰。许立群根据当时新华社最新电讯以章回小说形式撰写《国事论》,在报上连载,揭露蒋介石反动派压制民主、发动内战的罪恶阴谋。天冷屋寒,自来水笔冻得不下水,他就用嘴呵一呵,再接着写。有时报务员倒不了班,他就戴上耳机抄收新闻,然后再进行改写、评议。《国事论》首先在辽北结集出版。

1947 年 1 月 17 日,《国事论》更名作《国事痛》,以“杨耳”笔名,由东北书店出版。东北书店在《东北日报》隆重宣传:“爱国同胞,人人必读:通俗时事小说《国事痛》——八一五以来民主与独裁斗争史。”

2 月 1 日,中共东北局宣传部发出公告:“这一本《国事痛》是写得非常好的一本书,为提倡多写通俗教育群众的书籍,本部特奖励给作者五万元。”

五万元钱,系东北币,相当于现在的二千元人民币。《国事痛》是东北书店唯一获得奖金的书籍。

一位叫吴向辰的读者回忆,影响他人生的第一本书就是《国事痛》,书很薄,记得其中有描写李公朴、闻一多被害事件的内容。他就是在看了这本书后坚定了自己的信仰的。

多彩的工农课本

出版提高工农文化水平的教科书是一项重要任务。东北书店组织编写了大量群众喜闻乐见的识字、政治、文化课本，送上了知识，教育了人民。

先后印行的有《工人课本》《冬学手册》《绘图新庄稼杂字》《庄农杂字》《农村政治课本》《农民文化课本》(一)(二)、《庄稼经》《识字手册》(三册)、《农事常识》《农谚》《农村应用文》《识字课本》等。

如由松江省委宣传部编的《农民文化课本》，课本内设置了 18 课。第一课：东方红(歌曲)；第二课：解放区；第三课：毛主席；第四课：民主政府；第五课：农会；第六课：农会干部：第七课：小组会；第八课：自卫队；第九课：路条(附路条范文)；第十课：介绍信(附介绍信范文)；第十一课：劳金刘永贵；第十二课：挖糊涂算细账；第十三课：数字；第十四课：尺、斗、秤、弓：第十五课：节气歌；第十六课：庄稼；第十七课：庄稼活；第十八课：翻身农民要勤劳。

《农民文化课本》采取小开本，装帧精美，几乎每一课都配有紧密相关的插图。内文多采用上口易记的韵文的方式。第十六课《庄稼》的韵文是这样的："稗子不出米，草供牲口吃。糜谷怕风磨，到秋得抢割。高粱和苞米，种的人挺多。大豆能打油，地薄也能收。大麦和小麦，出产在江北。"深受农民喜爱。

强大的组织、编辑和出版阵容

1948年，东北书店推出了三套丛书，显示了强大的组织、编辑、出版阵容和实力。

一套丛书为《生产小丛书》，计有《如何才能增加粮食生产》《肥料》《选种》《耕种方法的研究》《病虫害的预防和扑灭》《农业耕作方法计算问题》6种分册。

一套为文学战线社主编、东北书店印行的《文学战线丛书》，包括：舒群的论文集《文艺散论》、丁玲的散文集《陕北风光》、井岩盾的报告文学《基本群众》、华山的报告文学《踏破辽河千里雪》、黄凯的长篇小说《动荡的十年》、周洁夫的短篇小说集《老战士》、方青的短篇小说集《高祥》、刘白羽的短篇小说集《战火纷飞》、周立波的短篇小说集《营长李云生》、西虹的中篇小说《零下四十度》、马加的中篇小说《江山村十日》、草明的中篇小说《原动力》。

一套为文学战线社主编、东北书店印行的《文学战线翻译丛书》，包括：伊真等译《苏联文艺论文集》，亚可布逊著剧本《没有战线的斗争》，涅多哥诺夫著、沛军译《苏联短篇小说集》，加林著、苏英译中篇小说《在一个居民点里》，卡扎凯维支著、邵天任译中篇小说《星》，冈察尔著、高莽译中篇小说《旗手》，布尔诺夫著长篇小说《白桦树》，巴甫连科著、金人译长篇小说《幸福》，西蒙诺夫著、高亚天译长篇小说《祖国炊烟》。

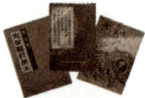

东北书店大事记

(1945 年 9 月——1949 年 7 月)

1945 年

9 月　中共中央东北局宣传部秘书长、东北日报社社长李常青与史修德商议成立东北书店事宜。

11 月 7 日　东北书店正式成立，建制隶属东北日报社，总经理由报社发行部主任向叔保兼任，副总经理史修德、史堪。

11 月 16 日　东北书店在沈阳马路湾原伪满图书株式会社旧址开设门市部正式开幕。工作人员程刚枫、白秀珍、刘福海、刘景洲。书店开幕当天，发行《论联合政府》《论解放区战场》两书。

11 月 26 日晚　东北书店铁西区店经理武云勉被国民党特务杀害。武云勉，女，河南开封人，抗战初期赴延安学习，后进入东北，牺牲时年仅 25 岁。

11 月 27 日　书店撤到本溪，接收日伪金融合作楼，开设门市部。

12 月末　转移到抚顺，后至梅河口。

1946 年

1 月 14 日　由梅河口转移海龙镇。

2 月底　在通化建立印刷厂，出版《抗战以来重要文件汇编》《马克思主义与文艺》等。

3 月　在海龙东大街借同源祥商店一间门面，开设门市。开始在周边地区建立发行网，在清源、新宾、山城镇、梅河口、朝阳、辉南、东丰、西安、伊通、吉林等地建立起分支机构。

4 月 20 日　迁入长春。卢鸣谷由报社调入书店工作。

4 月 29 日　《东北日报》以《本市文化工作迅速开展，大批杂志书籍正在排版中》为题在头版头条报道："丛书方面：陈学昭之《漫游解放区》一书已在付印。"

5 月 9 日　在《东北日报》第 133 期上刊登启事，批发各种书刊。店址在长春市丰乐路大仓洋纸株式会社。

5 月 11 日　东北书店出版的第一本刊物《知识》半月刊在长春问世。主编舒群，创刊号发行 3 0 0 0 册。

5 月 21 日　东北书店从长春搬到哈尔滨。

6 月上旬至中旬　李文、卢鸣谷奉命随东北日报印刷厂来到佳木斯。由王大任等接收日伪大和旅店全部楼舍，筹建佳木斯印刷厂。

6 月 20 日　中共中央东北局领导的东北书店由哈尔滨迁至佳木斯，开设门市部，对外称东北书店总店。"东北书店"四字改用毛泽东手书体。李文任总经理，卢鸣谷任副总经理，杜谈任出版部主编，徐今鸣、李一黎任副主编。后勤部由朱民管理。另外还向富锦、勃利等县发展网点；建立图书代销关系。

8 月底　佳木斯印刷厂建成。厂长王大任，副厂长林德光，支部书记吕西良。其第二厂专为东北书店出版书籍服务。

9 月　东北书店发行出版新书《表》《文件》《鼓风炉前四十年》《列宁的故事》《李勇大摆地雷阵》《延安归来》《曾国藩的一生》《论解放区战场》《思想方法论》《八路军与新四军》《群众工作手册》《中国革命与中国共产党》《新官场现形记》《林家铺子》《毛泽东的故事》

《合江解放区人民动员起来粉碎蒋介石的进攻》。

9月14日　东北书店佳木斯总店发行《海识》《文展》两大杂志。《知识》(从第三期开始在佳木斯发行,前两期均在长春发行)主编舒群,为青年文艺综合读物;《文展》(半月刊)主编白朗,为青年大众文艺刊物。总发行所地点为佳木斯中山大街东北书店。

10月10日　《东北文化》在佳木斯出版发行。

10月10日　在哈尔滨道里地段街建立门市部,对外称“东北书店”。

10月12日　哈尔滨东北书店在《东北日报》刊出征求意见的启事。

10月25日　哈尔滨东北书店附设读者问答处。

12月1日　《人民音乐》在佳木斯创刊,编辑为王一丁、任虹、吕骥、何士德、向隅。

12月8日　东北书店出版新书《三打祝家庄》《王贵与李香香》《我们的连长何万祥》《一个战士》《怎样自我学习》《中国四大家族》《民间艺术和艺人》等。

12月20日　《人民戏剧》在佳木斯创刊。

12月31日　东北书店一年来出版并发行图书近110万册。

12月　中共合江省委书记张闻天召集东北书店负责人到省委汇报工作,并亲自挑选了几本延安解放社出版的书籍交书店重印发行。

1946年年底　作为东北书店佳木斯总店，东北解放区文化出版业的中心,一年来在供给翻身人民新民主主义文化食粮上创造辉煌的成就,出版政治、经济、哲学、历史、文艺等各种通俗读物及中小学课本等书刊杂志172种，1095500册。

1947年

1月3日　在哈尔滨市政府举行《中国四大家族》出版发行座谈会，邀请东北行政委员会徐寿轩、哈尔滨大学校长车向忱、市教育局唐景阳及从蒋管区来的罗叔章女士主讲，部队机关学校及各界人士踊跃参加。

1月11日　发行新年画。

1月13日　东北书店总店出版新书《国事痛》，该书为东北局宣传部认定的一部教育群众的好书，特予作者杨耳（许立群）5万元奖金。

同日　颜一烟改编歌剧《血泪仇》出版发行。

1月25日　哈尔滨东北书店在《东北日报》刊发征求一万封慰劳信的启事。

1月29日　刘白羽在《东北日报》副刊发表访东北书店通讯《奇迹在出现》。

2月5日　哈尔滨东北书店开设文具部。

2月14日　罗立韵、于永宽合作的《姑嫂劳军》，由东北书店印发。

2月24日：刘白羽所著的《延安生活》经东北书店出版。《李有才板话》再版出书1万册。

3月1日：总店派史修德、潘建萍建立西满分店齐齐哈尔分店，之后又建立内蒙古分店。

3月10日：哈尔滨东北书店读书会在道里地段街公园小学校礼堂，举办读书方法研究会，讨论学习与写作等问题。

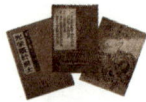

3月20日　东北局宣传部编辑的《东北农村调查》出版。

3月23日　哈尔滨东北书店读书会在道里地段街公园小学校礼堂举办读书方法研究会，讲演的题目是《怎样读书？读什么书？》，由车向忱主讲。

4月2日　《东北日报》副刊“新书”专栏介绍周文、王修合编的山西梆子《千古恨》。

4月6日　哈尔滨东北书店读书会移交民主青年联盟领导。

5月4日　哈尔滨东北书店发售“五四纪念佩章”。

6月14日　哈尔滨东北书店增设邮购业务。

6月29日　哈尔滨东北书店增设同业批发业务。

6月30日　东北书店出版发行新书：《论民族民主革命》《鲁迅论文集》《唯物史观》《哲学基本问题》《毛泽东的人生观》《演剧教程》《秧歌论文集》《什么是戏剧》《钢铁是怎样炼成的》《被开垦的处女地》《苏联经济》《中国共产党烈士传》《陕甘宁劳动的英雄》《社会科学概论》。

7月26日　高尔基著、孙光瑞（夏衍）译的《母亲》出版发行。

7月31日　叶紫著《丰收》出版。

7月　东北书店总店由佳木斯迁至哈尔滨，店址设在道里地段街52号。

8月23日　鲁迅文艺工作团、张望等创作的说唱连环画《人民女英雄刘胡兰》出版。

8月15日　纪念“八一五“东北解放两周年，各分店廉价优待5天。

11月1日　东北书店总店委托东北银行为各地读者免费汇款

购书。

11月6日　为纪念苏联十月革命 30 周年,东北书店哈尔滨门市部外版书刊打九折出售。

11月11日　出版《整风文献》等10种烫金精装书。

12月1日　东北书店与东北邮电管理总局合作，首先在松花江省各地邮电管理局、代办所代销图书刊物。

12月17日　发行由东北画报社出版的五彩精印翻身年画,计20种。

12月底　《毛泽东选集》6 卷合订本出版,先后印刷 2 万部。

1948年

1月1日　东北书店脱离东北日报社领导,直接受东北局宣传部领导。

1月3日　东北书店出版部杜谈调佳木斯市委工作,编辑部由徐今明、李一黎负责。

1月15日　店刊《业务通讯》在哈尔滨创刊。

同日　在哈尔滨召开东北区第一届分支店会议。

4月1日　范政创作小说《夏红秋》在佳木斯出版。

4月3日　在吉林市重庆路建立吉林分店。

4月6日　东北书店佳木斯分店经理郑士德主持《联共(布)党史》出版发行仪式,合江省及佳木斯市领导到书店祝贺。

4月16日　周立波著、古元插图的长篇小说《暴风骤雨》上卷出版发行。

4月20日　范政在佳木斯为哈尔滨女子中学校讲义《夏红秋》作序,题目是《"满洲姑娘"变为"女八路"的故事》,由哈尔滨监狱工厂印刷。

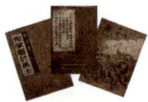

5月4日　东北书店佳木斯分店隆重举行《毛泽东选集》首卷发行日，省市领导同志张平之(张闻天)、李范五、张如屏、刘英等同志主持发行仪式。佳木斯市举办各机关团体革命干部，革命群众踊跃购书周。

5月6日　由东北局编写《目前党的政策汇编》出版发行。

5月8日　在《东北日报》刊发《为新收复区读者征求书籍》启事。

5月11日　在《东北日报》刊发《长期优待荣誉军人》启事，凡购买本店出版的图书予以八折优待，杂志及外版书予以九折优待。

6月18日　李衍白著《工人的旗帜赵占魁》出版。

6月26日　在哈尔滨召开第一次分店经理会议，7月9日结束。

7月1日　东北书店佳木斯分店为纪念“七一”举行7天优待购书周。

同日　《毛泽东的故事》出版。

7月15日　东北局宣传部编审的中国共产党党章教材《共产党员课本》出版。

7月18日　瞿秋白译、鲁迅编《海上述林》布面精装本出版。

7月27日　陈伯达著《人民公敌蒋介石》出版。

8月15日　纪念苏联红军解放东北3周年，东北书店各地分店同时举行九折优待一星期。

8月18日　《毛主席像》白模造、黄模造、报纸三种印行。

8月19日　张雁编《实用大众字典》出版。

9月2日　瞿秋白著《乱弹及其他》布面烫金本出版。

9月5日　东北书店在《东北日报》刊登启事，公布为新收复解放区读者捐赠者第二批名单，其中刘亚楼捐赠14册。

9月11日　卡达耶夫著、茅盾译的新型儿童读物《团队之子》出版。

9月18日　文学战线社主编的“文学战线创作丛书”、“文学战线翻译丛书”由东北书店出版。

本月　总店开始试行薪金制。

10月2日　草明著中篇小说《原动力》出版。

10月8日　毛泽东著《中国革命战争的战略问题》出版。

10月19日　纪念鲁迅逝世12周年，各地分店同时举行优待读者3天，凡鲁迅著作一律八折，其他外版书刊一律九折。

10月20日　东北书店公布《活期订阅杂志及邮购简章》。

10月21日　东北书店副总经理周保昌等进驻长春，接管国民党的正中书局及中国文化服务社。

10月23日　东北书店长春第一门市部开业。

10月28日　《文艺月报》创刊，东北书店发行。

11月2日　东北书店长春第二门市部开业。

同日　东北书店沈阳市阅览室在马路湾开设。

11月3日　副总经理卢鸣谷率领东北书店小分队进入沈阳，参加沈阳军管会接管工作，并为总店迁沈后的办公大楼进行交涉和装修。

11月5日　庆祝苏联十月革命30周年暨东北书店成立三周年纪念，各地分店同时举行优待读者一星期。

11月8日　东北书店沈阳门市部在马路湾开业。

11月10日　东北书店在东北最后建立的锦州分店正式营业。

12月21日　东北书店总店编辑部及知识杂志社、翻身乐杂志社迁移沈阳,地址在马路湾东北书店。

年底　东北书店扩大到13个分店,154个支店,100余处代销点。

1949年

1月9日　合江省委宣传部部长李常青,对合江各县东北书店工作的指导方针与领导等问题,作了具体指示。

1月12日　以副总经理卢鸣谷为首的东北书店小分队30余人从沈阳出发,携带30万册图书,随军进入天津、沈阳。

1月15日　《业务通讯》从十六期(革新号)起更名为《出版与发行》。

1月15日　第三次分店会议在哈尔滨召开,到会代表28人,代表11个分店参会,会议共开10天。

1月16日　发行在沈阳复刊的《生活报》。

1月28日　下午,在北平市通县青龙桥,北平市长兼军管会主任叶剑英会见东北书店小分队部分成员,并接受送上的东北书店印行的《毛泽东选集》。

1月　随着解放战争的进展,人事调动频繁:哈尔滨改为分店后,纪树德任批发股长、单长宗任会计股长、李树洁任门市副股长。原总店门市股长孙志芳调北安分店工作。林金武任齐齐哈尔分店副经理。原吉林分店副经理潘建平升任经理。

2月1日　《出版与发行》聘请基层干部通讯员,第一批基干通讯员名单如下：刚枫、郑士德、田彦、林金武、潘建萍、肇玉泉、卢云芳、孙志芳、单长宗、纪树德、李珍、周瑾、关云峰、金铎新、隋凤玲、黎光宇、黄巨清、王继民、黄洪年、刘思让、刘庆、崔捷、王彩庆、日议谟德、赵德明、萧德昌、姜文之、高万技。

同日　庆祝东北学生代表大会，东北书店沈阳分店门市部优待三天。

2 月 6 日　东北书店小分队接收北平正中书局、独立出版社及其所属印刷厂。

同日　庆祝平津解放，东北书店沈阳门市部优待 3 天。

2 月 10 日　东北书店小分队在北平市王府井大街成立新华书店门市部。

2 月 19 日　东北书店小分队在天津市罗斯福路 191 号，原国民党中国银行旧址，成立新华书店门市部。

2 月 20 日　新青团的机关刊物《中国青年》第一期出版，东北书店发行。

2 月 28 日　《合江日报》用整版篇幅发表合江省分店经理郑士德的《东北书店合江分支店书画下乡业务兴隆》《合江分支店年来工作成绩显著》《合江东北书店年来工作总结》《鹤立支店组织书画下乡宣传》等五篇文章。

2 月　为供应华北解放区书刊，总店特下令将各分店所存之书籍，退至沈阳集中，分店有齐齐哈尔、长春、哈尔滨、牡丹江积极响应。

3 月 2 日　开始一个半月，总店举办首届出版发行业务训练班，学员 50 人，其中东北书店 35 名，光华书店 15 名。

3月10日　总店决定从本日起，本版书一律按基本定价120倍出售。

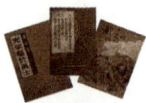

4月1日　大连大众书店改称东北书店大连分店。

4月2日　《干部学习》第一卷第一期出版，东北书店发行。

4月5日　总店会计科、批发科、出版科返回沈阳办公。根据工作需要，总店对各分店主要干部有进行调整，决定徐枫任沈阳分店经理，潘建萍任长春分店经理，王继民任佳木斯分店副经理。鉴于吉林分店已合并于长春分店之内。原所属支店划给长春分店领导。

4月10日　《译文月刊》创刊，由东北书店印刷发行。

4月11日：总店在《东北日报》刊登《征求工人读物稿件启事》。

4月　佳木斯印刷厂迁至沈阳。

5月8日　东北财经委员会调查统计处编译的《国际经济》第一卷第一期出版，东北书店发行。

5月15日　总店及各部科人员调整：李文任总经理，卜明任第一副总经理兼审计部主任，周保昌任第二副总经理兼发行部主任。

5月18日　东北书店总店在《东北日报》刊登《东北书店邮购简章》。

5月25日　总店在沈阳召开出版工作会议，讨论今后出版工作。

6月1日　各分店一律停止邮购业务，其业务统一由沈阳总店邮购科办理。

6月3日　自发起为关内各解放区读者募集书刊以来，各分店共募集到书刊90109册，已并分别转送新解放区。

6月4日　东北书店总店发行科在《东北日报》发布《东北书店

订阅杂志办法》。

6月7日:马加著中篇小说《江山村十日》出版。

6月10日:周立波著长篇小说《暴风骤雨》下卷出版。

7月1日:东北书店名称改为东北新华书店。

附录一

FU LU YI

东北书店出版物印制地点与时间一览表

总店所在地	时间	印书地点	备注
沈　阳	1945.11.7—1945.11.23	本溪（东北日报）	
本　溪	1945.11.24—1945.12	本溪	
海　龙	1946.1—1946.4.19	通化	
长　春	1946.4.20—1946.5.21	通化	
哈尔滨	1946.5.22—1946.6.15		
佳木斯	1946.6.16—1947.7	佳木斯、东安	
哈尔滨	1946.7—1948.12.21	佳木斯、哈尔滨	
沈　阳	1948.12.21—1949.7.1	长春、沈阳、佳木斯	

注：1946 年 2 月民主联军总政治部在远离前线的通化建立起印刷厂，分别有李平、傅守亿坚持出版工作。

1946 年 5 月 9 日迁移到长春。

附录二
FU LU ER

东北书店 1946—1949 年出版物统计表

分类 \ 数量 \ 日期	1946		1947		1948		1949 上半年	
	种数	册数	种数	册数	种数	册数	种数	册数
书籍	138	881000	254	2158000	232	4388000	141	12735000500
教科书	17	595000	48	2220000	56	6060000	22	7670662
杂志	1	41000	4	172000	5	514000	10	879000

后 记

HOU JI

早在1994年，编著者在整理自己收藏的东北解放区出版物的时候，看到东北书店出版的书籍丰富多彩，并从中折射出许多政治、经济、文化、科技等领域的历史画面，亟具研究价值。当在查对这些书刊的资料来源时，发现有的残缺不全，有的已经遗失，感到随着时间的推移，将很难保存这些著作版本的全貌。于是萌生了编撰一本关于东北书店印行的书刊版本专著的念头，并开始积极收集资料。

随着资料的增加，指导思想逐渐明晰起来，编著者以为，本书一是客观反映东北书店版本历史面貌，以记录它在解放战争时期党的出版发行工作，在建立巩固的东北根据地过程中，在宣传马列主义毛泽东思想，建立新民主主义文化，支援解放战争，在思想上、理论上所起的作用；二是东北书店发行的版本和其他文献早期珍稀版本整理开展研究，具有捍卫新文化和抢救革命文化典籍的重大意义；三是提供一部可供参考的工具书。

然而，实际做起来困难很多，其一，东北书店出版的书刊数量众多，出版地域较广。目前，没有一个单位或者个人将东北书店的书刊收集齐全。因此，最初试图将东北书店的书刊收全的愿望，肯定是难以实现的。其二，计划在2005年，东北书店成立60周年之前出版，作为给藏书界竞相追逐的“红色典藏”的60周年纪念的献礼。本书终于在2004年10月定稿,真是几度寒暑几番意,其中甘苦唯自知。

在收集编著过程中,得到了许多单位和同志的大力支持,李忠杰(中共中央党史研究室副主任)、闻立树(首都师范大学政法学院教授、博士生导师)、霍海丹(中共中央党史研究室第一研究部副主任、原中共党史出版社副总编辑)、张洪源(《中共中央在香山》作者)在百忙之中审阅了书稿,提出了许多建议。霍海丹副主任为本书作序。本书所收书刊图片大部分是在本人收藏品中选用的,一部分是好友胡继东鼎力相助,张越校对文稿,在此一并表示衷心感谢!

《东北书店书刊收藏与鉴赏》,经过10年的编纂,终于同收藏爱好者和读者见面了。由于记载东北书店出版的资料较少,存世书刊有限,给编著者带来了一定的难度。错误漏编之处在所难免,请读者批评指正。

根据书籍在国内的稀见程度,我们分为五个等级,用星号表示。星号越多越稀见。

五个等级大致相当人民币价格如下:一星级50元以下,二星级50~100元,三星级100~300元,四星级300~1000元,五星级1000元以上。

品相以八至十品为准。

编著者

2005年10月于佳木斯市文博斋